버킷 리스트 30 꿈꾸는 대로 떠나라!

착! 붙는
여행 일본어

Travel Japanese

시사일본어사

여행이란……

'여행은 영혼을 맑게 해 주는 샘과 같다'고 한
안데르센(Hans Christian Andersen)의 말은
'널리 여행하면 현명해진다'는 영국 속담과도 통한다.
동서고금의 현자들은 '여행'의 유익함을
다양한 방식으로 표현한다.

여행은 당신에게 세 가지 유익함을 준다. 타향에 관한 지식과 고향을 향한 애착 그리고 자기 발견이다. ◦ 브하그완 슈리 라즈니쉬(인도 철학자)

여행의 진정한 목적은 장소를 바꾸어 주는 것이 아니라 생각과 편견을 바꾸어 주는 것이다. ◦ 아나톨 프랑스

바보는 방황하고, 현명한 사람은 여행한다. ◦ 토마스 풀러

모험이 위험하다고 생각하는가? 그렇다면 그냥 평범한 삶을 살아라. 하지만 그것이 더 위험하다. ◦ 파울로 코엘료

일 년에 한 번은 한 번도 안 가 본 곳에 가 보라. ◦ 달라이 라마

여행이란 목적지에 닿아야 행복해지는 것이 아니라, 그 과정에서 행복을 느끼는 것이다. ◦ 엔드류 메튜스

여행과 변화를 사랑하는 사람은 생명이 있는 사람이다. ◦ 바그너

청춘은 여행이다! 찢어진 주머니에 두 손을 꽂고 그저 길을 떠나도 좋다. ◦ 체 게바라

이제 이 책을 한 손에 쥐고
여행을 떠나 보자!

목차

이 책의 구성과 특징

이 책에서는 일본 여행을 마음먹은 순간부터 현지 관광, 그리고 귀국까지의 매 순간을 포착하여 도움이 될 만한 정보와 일본어를 꼼꼼하게 실었습니다. 특히 일본어를 전혀 몰라도 잘 듣고 쉽게 말할 수 있도록, 들어야 하는 대사와 말해야 하는 대사로 구분한 것은 이 책만의 특징입니다.

일본어의 한글 표기는 최대한 일본어 발음에 가깝게 표기하였으므로, 따라 읽기만 해도 나의 생각이 상대방에게 잘 전달될 것입니다.

모쪼록 여러분의 일본 여행에 든든한 동반자가 되기를 기원합니다.

여행 가기 전에 꼭 챙겨야 할 것

여권, 여권 만료일 점검, 상비약 등 여행 떠나기 전에 꼭 챙겨야 할 것들을 소개합니다. 혹시 모를 경우를 대비해 꼭 점검하세요.

여행 가기 전에 알아 두면 좋은 꿀팁

여행자 보험, 와이파이 이용, 여행 앱, 긴급 연락처 등 일본 여행에 특화된 꿀팁을 한 자리에 모아 실었습니다. 꼼꼼하게 챙겼으니 실속 있게 사용하세요.

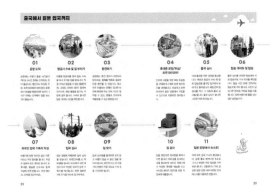

출국에서 일본 입국까지

우리나라 공항에서 일본에 입국할 때까지의 과정을 한눈에 알아볼 수 있도록 했습니다. 또한 각 상황에서 필요한 것, 주의할 사항 등도 곁들였으니 여행에 도움이 될 만한 것들을 잘 포착하시기 바랍니다.

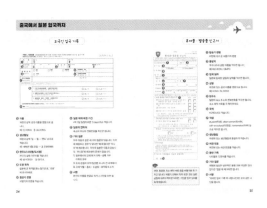

출입국 심사

일본에 입국하거나 일본에서 출국할 때는 간단하게 작성할 서류가 있어요. 그 작성법의 요령 및 주의 사항을 실제 이미지와 함께 알기 쉽게 설명해 두었습니다.

급할 땐 이 한 마디!

급할 때 꼭 필요한 단어들을 '기내에서', '공항에서', '호텔에서' 등 상황별로 정리했습니다. 발음 연습 삼아 여행 떠나기 전에 함께 제공되는 일본어 음성을 듣고 따라 말해 보는 것도 괜찮겠네요.

이 책의 구성과 특징

여행이 즐거워지는 한 마디

여행을 가면 하고 싶은 말은 많지만, 딱히 할 수 있는 말도 적습니다. 하지만 최소한 여기에 있는 표현들만큼은 일본 여행의 깨소금 같은 재미를 선사할 것입니다. 제공되는 일본어 음성을 들으면서 재미 삼아 따라 말해 보세요.

여행 정보 30가지

먹을 거리, 볼거리, 구경 거리, 문화 등 일본 여행에서 꼭 겪게 되는 '베스트 30'을 뽑아 재미있게 정리했습니다. 여행 떠나기 전 계획이나 여행 가서 참고할 내용이 가득하니 활용하시기 바랍니다.

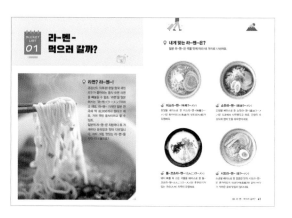

일본어 회화

말이란 내가 해야 할 말과 들어야 할 말로 나뉩니다. 이 책에서는 이 두 요소를 구분해서 실어 활용 효율성을 높였습니다. 일본 현지에서 꼭 도움이 될 것입니다.

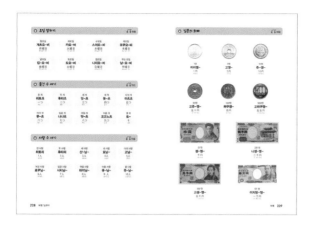

부록
물건 사기, 시간 말하기, 날짜 말하기 등은 일상생활에서도 가장 기본이 되는 말입니다. 적어도 숫자와 금액 말하기만이라도 익혀 두면 여행하면서 큰 도움이 될 겁니다.

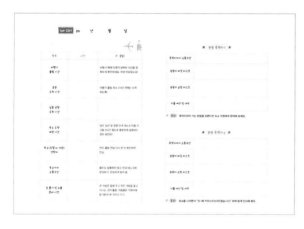

별책_나만의 secret 여행 노트
여행 준비물 체크 리스트, 여행 스케줄러, 여행 노트 등을 별책으로 제공합니다. 나만의 감성 여행 노트를 꾸며 보는 건 어떨까요?

MP3 무료 제공
• QR코드
  스마트폰으로 QR코드를 스캔하면 바로 음성을 들을 수 있습니다.

• 다운로드
  시사일본어사 홈페이지(https://www.sisabooks.com/jpn)에 로그인하시면 무료로 다운로드 받을 수 있습니다.

PART 1
설렘
여행 전 행복

여행 가기 전에 꼭 챙겨야 할 것

전자 항공권 발행 확인서
E-Ticket Passenger Itinerary & Receipt

승객 정보 (Passenger Information)

- 승객 성명 (Passenger Name) : ████████████ ████
- 항공권 번호 (Ticket Number) : 8202751912907
- 예약 번호 (Booking Reference) : (RS) JKLH8 (1B) MHIYCL

여정 정보 (Itinerary Information)

RS 764 AIR SEOUL, INC

※ 해당항공사는 인천공항의 제1 여객터미널에서 운항합니다.

	도시/공항	일자/시각	터미널	클래스	비행시간	상태
출발	SEOUL INCHEON INT	26DEC 13:10	TERMINAL 1	ECONOMY/L		CONFIRMED
도착	OSAKA KANSAI	26DEC 15:00	TERMINAL 1			
경유지(Via):		좌석(Seat Number)			Not Valid Before 26DEC18	
무료수하물(Baggage): 1PC		운임(Fare Basis): LOW/CH25		유효 기간(Validity)	Not Valid After 26DEC18	

RS 763 AIR SEOUL, INC

	도시/공항	일자/시각	터미널	클래스	비행시간	상태
출발	OSAKA KANSAI	05JAN 16:00	TERMINAL 1	ECONOMY/W		CONFIRMED
도착	SEOUL INCHEON INT	05JAN 18:00	TERMINAL 1			
경유지(Via):		좌석(Seat Number)			Not Valid Before 05JAN19	
무료수하물(Baggage): 1PC		운임(Fare Basis): WOW/CH25		유효 기간(Validity)	Not Valid After 05JAN19	

항공권 정보 (Ticket Information)

- Issue Date / Place (IATA No.) : 28JUL18 / JAU TOUR SEOUL KR (17305120)
- Restriction (Endorsement) : NON-ENDS/REBKG CHRGS EXIST
- Form of Payment / Tour Code : CAXXXXXXXXXXXXX2101 MASTERCARD
- Fare Calculation : SEL RS OSA79.15RS SEL66 54NUC145.69END ROE1070.60846
- Fare Amount : KRW 156000
- Tax / Fee / Charge : 28000BP 13900SW 3200OI 25800YQ

전자 항공권

여행 전에 예약한 항공사의 전자 항공권을 챙겨 갑니다. 요즘은 여권만 있어도 체크인이 가능하지만, 만일의 경우를 대비해 가져 가는 것이 좋습니다.

여권/신분증

여권은 만료일을 꼭 확인합니다. 만료일 3개월이 남지 않았다면 여행은 물거품이 됩니다. 또 여권 사본과 여권용 사진도 챙겨 가면 좋습니다. 그런 일이 있어서는 안 되겠지만, 여권을 분실했을 때 큰 도움이 됩니다. 한편, 신분증 또한 재일본 대사관이나 영사관에서 신분 확인 시 필요하므로 가지고 가는 것이 좋습니다. 물론 사본도 준비해 가기 바랍니다.

신용카드

일본은 카드를 안 받는 곳이 의외로 많아 현금을 가지고 다니는 것이 좋습니다. 단, 백화점, 면세점 등에서 사용하도록 해외 결제 가능 신용카드를 가지고 가는 것이 좋습니다.

📋 예방접종 영문 증명서

해외 여행 시, 병원의 진찰을 받는 일이 있을 경우 '예방접종 영문 증명서'가 도움이 됩니다. 집에서도 예방접종 도우미 누리집(https://nip.cdc.go.kr)에서 다운로드 받을 수 있으므로 되도록 챙겨 가면 좋습니다.

📋 안전 가방

여행용 가방과 함께 필요한 것이 배낭입니다. 숙소에 덩치가 큰 여행용 가방은 남겨 두고, 관광 다닐 때 가지고 다닐 배낭이나 손가방도 함께 가지고 갑니다. 또한 여권과 돈 등 절대 잃어버려서는 안 되는 물건을 넣어 몸에서 떨어지지 않도록 가지고 다닐 수 있는 안전 가방이 필요합니다.

📋 기본 상비약

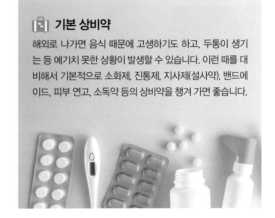

해외로 나가면 음식 때문에 고생하기도 하고, 두통이 생기는 등 예기치 못한 상황이 발생할 수 있습니다. 이런 때를 대비해서 기본적으로 소화제, 진통제, 지사제(설사약), 밴드에이드, 피부 연고, 소독약 등의 상비약을 챙겨 가면 좋습니다.

📋 만능어댑터

일본의 전기 콘센트는 우리와 다릅니다. 전기는 110볼트를 사용하므로, 전기제품의 경우 220볼트 전용은 일본에서 사용할 수 없다는 사실도 알아 둡시다.

📋 세면도구

비누, 바디워시, 샴푸, 기초 화장품, 면도기, 쉐이빙 젤, 칫솔, 치약, 빗 등은 잊지 말고 챙겨 가야 합니다.

📋 위생 봉지

사용한 양말, 속옷 등을 넣어 두는 용도 등 의외로 쓰일 데가 많은 위생 봉지 또는 지퍼백도 꼭 준비해 가는 것이 포인트!

여행 가기 전에 알아 두면 좋은 꿀팁

해외의료비, 휴대품손해 보장까지~ 낯선 해외에서도 든든하게

자사 오프라인 대비 20% 저렴한 보험료로 준비하세요!

20%
다이렉트 할인
(자사 오프라인 대비)

가족은 더 많은 혜택
(가족과 함께 가입 시 10% 추가)

해외에서도 든든한 보장
(의료비+휴대품손해+배상책임)
* 해당 특약 가입 시

해외여행보험료 계산

🎒 여행자 보험

일본 여행의 경우, 1~2만 원 정도면 여행자 보험에 가입할 수 있습니다. 사건·사고를 당할 경우 의외로 큰 도움을 받을 수 있으므로 여행자 보험을 들고 가는 것이 좋습니다. 한편, 가방 등을 분실했을 때를 대비해 주요 물품이나 귀중품 등을 사진으로 촬영해 두는 것도 사후 증명에 도움이 되므로 참고하세요.

🎒 동전 지갑

우리나라에서는 동전을 사용하는 일이 잘 없지만, 일본에서는 동전을 많이 사용하게 됩니다. 100엔이 우리 돈 1,000원이고, 500엔 동전은 무려 5,000원입니다. 여행 하루만 지나도 늘어난 주머니 속 동전이 불편하게 느껴질 것이고, 그 가치가 작지 않기 때문에 가방에 처박아 둘 수도 없습니다. 동전 지갑을 적극 활용하는 것이 최선!

🎒 SUICA, PASMO

여행을 할 때면 대중교통을 이용하게 되는 일이 많습니다. 그때마다 일일이 표를 사야 한다면 이만저만 불편한 게 아니겠죠. 이럴 때 편리한 것이 스이카(SUICA)와 파스모(PASMO)입니다. 이 카드는 일정 금액을 충전하여 가지고 다니며, 지하철, 버스, 택시 등을 이용할 수 있는 대중교통카드입니다. 이 카드는 교통뿐 아니라 편의점에서 물건도 살 수 있어 편리합니다. 카드 보증금이 500엔이고,남은 돈은 환불받을 수 있습니다.

🎒 해외 유심칩 & 해외 포켓 와이파이

휴대폰과 인터넷 연결 없이 생활할 수 없는 우리에게 해외여행 시 꼭 필요한 것이 일본 현지 통신사의 유심이나 포켓 와이파이입니다. 일본 통신사의 유심이든 포켓 와이파이이든 국내에서 구입하여 일본으로 출발할 수 있습니다. 시내 전문 상점이나 공항에서 구입할 수 있으므로, 가격과 사용 환경 등을 고려하여 유심 또는 포켓 와이파이를 구입합시다. 이것이 귀찮다면 통신사에 전화하거나 전용 어플로 간단하게 데이터 로밍 서비스를 신청하면 됩니다.

구글 맵

길 찾아가는 데 도움이 되는 구글 맵(Google Maps)을 설치해 가면 좋습니다. 출발지와 도착지를 입력하면 가는 길을 알려 주고, 대중 교통의 경로도 알려 줍니다. 일본의 지명 등을 한글 표기로 보여 주어 편리합니다.

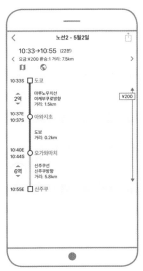

도쿄 지하철

도쿄로 여행을 간다면 챙길 만한 앱입니다. 외국인을 위해 도쿄 메트로가 개발해 무료로 배포하는 것으로, 한글이 지원됩니다.

여행 가기 전에 알아 두면 좋은 꿀팁

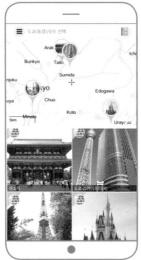

DIG JAPAN

일본의 관광지 및 식당, 쇼핑, 호텔,
교통 수단 등 다양한 정보를 제공
하며, 한글이 지원됩니다.

TripAdvisor

일본뿐 아니라 전 세계의 호텔, 음
식점, 오락거리, 항공권 등의 정보
를 제공합니다. 여행을 떠나기 전에
도 검색해 볼 수 있고, 일본에 있다
면 자기가 있는 주변의 정보도 얻
을 수 있습니다. 한글이 지원되고
검색하려는 곳을 이용한 다른 이들
의 생생한 리뷰를 확인할 수 있습
니다.

해외 안전 여행

외교부에서 제공하는 외국 여행 전용 앱입니다. 위기 상황 대처 매뉴얼, 여행 경보 제도, 여행 체크 리스트, 내 위치 및 공관 위치 찾기 등의 메뉴를 제공합니다. 여행 가서뿐 아니라 떠나기 전에 한 번 들러 보는 것도 좋습니다.

JUST TOUCH IT

문화체육관광부와 한국관광공사가 함께 개발한 앱입니다. 안전한 여행을 위한 팁, 일본 여행 시 주의 사항 등 해외 여행자를 위한 다양한 정보를 제공합니다.

여행 가기 전에 알아 두면 좋은 꿀팁

📞 일본 내 긴급 연락 전화 번호

- **경찰** : 110
- **화재** : 119
- **해상 사건 사고** : 118
- **전화번호 안내** : 104
- **도쿄도보건의료정보센터** : 03-5285-8181
  (한국어로 근처의 진료 가능한 의료기관 안내. 9:00~20:00)

📞 재일본 한국 대사관 및 영사관 연락처

- **대사관**
  (81) 90-1693-5773
  긴급 시 (81) 90-4544-6602

- **주 오사카 총영사관**
  (81) 6-4256-2345
  긴급 시 (81) 90-3050-0746

- **주 후쿠오카 총영사관**
  (81) 92-771-0461
  긴급 시 (81) 80-8588-2806

- **주 요코하마 총영사관**
  (81) 45-621-4531
  긴급 시 (81) 80-6731-3285

- **주 나고야 총영사관**
  (81) 52-586-9221
  긴급 시 (81) 80-4221-9500

- **주 삿포로 총영사관**
  (81) 11-218-0288
  긴급 시 (81) 80-1917-0288

- **주 센다이 총영사관**
  (81) 22-221-2751
  긴급 시 (81) 90-7932-4755

- **주 니가타 총영사관**
  (81) 25-255-5555
  긴급 시 (81) 90-8873-8853

- **주 히로시마 총영사관**
  (81) 82-568-0502
  긴급 시 (81) 90-8712-8028

- **주 고베 총영사관**
  (81) 78 -221 -4853
  긴급 시 (81) 90-5099-0414

카드사별 분실 신고센터

- **우리카드** : +82-2-6958-9000
- **신한카드** : +82-1544-7000
- **국민카드** : +82-2-6300-7300
- **하나카드** : +82-1800-1111
- **삼성카드** : +82-2-2000-8100
- **롯데카드** : +82-2-1588-8300
- **카카오카드** : 카카오뱅크 앱에서 신고

 일본 내 항공사 서비스센터

- **대한항공** : 0088-21-2001(일본 내)
  +81-6-6-6264-3311
- **아시아나항공** : 0570-082-555(일본 내)
  +81-3-5812-6600(일본 통합)
- **일본항공(JAL)** : 03-5489-1111(일본 내)
- **전일본항공(ANA)** : 03-3272-1212(일본 내)
  *일본의 국제전화 식별번호는 81임.

이동통신사 해외로밍 서비스센터

- **올레kt** : 1588-0608(국내)
  +82-2-2190-0901(해외에서/KT 휴대폰에서 무료)
- **SKT** : +82-2-6343-9000(해외에서/SKT 휴대폰에서 무료)
- **LG U플러스** : 02-3416-7010(국내)
  +82-2-3416-7010(해외에서)

PART 2
두근거림
약간의 떨림과 기대

출국에서 일본 입국까지

01
공항 도착

공항에는 비행기 출발 시간보다 적어도 2시간 전에는 도착하는 것이 좋습니다. 환전이나 유심칩 구매, 포켓 와이파이 대여 등도 공항에서 해결할 예정이라면 늦어도 3시간 전에는 도착해서 일을 보는 것이 좋습니다.

02
항공사 수속 및 짐 부치기

이용할 항공사를 찾아 탑승 수속을 하고 무거운 짐을 맡깁니다. 직접 가지고 탑승할 수 없는 물품(액체, 나이프, 라이터 등)이 정해져 있으므로, 해당 물품을 맡기는 가방에 넣어 둡니다. 수속이 끝나면 탑승 게이트 시간을 확인합니다.

03
환전하기

공항에는 환전 창구가 마련되어 있으므로, 원화를 엔화로 필요한 만큼 환전할 수 있습니다. 평소 자주 이용하는 은행이 있다면 사전에 환전해 두는 것이 시간도 절약할 수 있고, 환율도 유리하게 적용받을 수 있는 방법입니다.

07
외국인 입국 기록지 작성

비행기에 타면 '외국인 입국 기록'이라고 적힌 종이를 줍니다. 작성은 일본어 또는 영어로 합니다. 또 휴대품 · 별송품 신고서도 함께 작성해 두면 편합니다. 작성 예는 24, 25쪽을 참고하세요.

08
입국 심사

일본 공항에 착륙하면 입국 심사를 받습니다. 외국인(外国人) 쪽에 줄을 섭니다. 내 차례가 되면 여권과 미리 작성한 '외국인 입국 기록지'를 제시합니다. 한편, 일본은 지문 인식을 하므로 참고하세요.

09
짐 찾기

입국 심사대를 통과하면 잊지 말고 비행기 탑승 시 맡긴 짐을 찾아야 합니다. 본인이 타고 온 비행기의 편명이 적힌 곳으로 가서 짐을 기다리면 됩니다.

04
휴대폰 로밍/유심/
포켓 와이파이

인터넷 사용을 위한 해외 유심칩을 구매하거나 해외 포켓 와이파이를 대여합니다. 유심이나 포켓 와이파이 등도 공항에서 구입할 수 있으므로 이용하면 편리합니다.

05
출국 심사

이제 출국을 위한 관문을 통과합니다. 여권과 항공사 수속 때 받은 탑승권을 출국장 입구에서 보여 주고 들어섭니다. 제일 먼저 짐 검사를 하고 그 다음에 출국 심사를 합니다. 출국 심사가 끝나면 그곳은 이미 외국입니다.

06
탑승 게이트 및 탑승

출국 심사를 마치면 탑승권에 적힌 탑승구로 가서 위치를 확인합니다. 탑승 시간 20분 전까지는 탑승구로 가야 합니다. 시간이 남는다면 면세점, 커피숍 등을 이용합니다. 이제 비행기에 몸을 싣는 일만 남았습니다.

10
짐 검사

짐을 찾았다면 입국장을 빠져나가면 됩니다. 이때 짐을 검사하는 곳을 통과하게 되는데, 비행기에서 작성한 '휴대품·별송품 신고서(다음 페이지 참조)'를 공항 직원에게 제출합니다.

11
일본 공항에서 숙소로!

이제 모든 입국 수속이 끝났습니다. 공항 홀로 빠져나와 숙소로 가거나 예정된 관광 일정을 시작하면 됩니다. 교통편이나 기타 궁금한 점은 공항 내에 마련된 안내 데스크를 이용하면 편합니다.

외국인 입국 기록

外国人入国記録 DISEMBARKATION CARD FOR FOREIGNER 외국인 입국기록
英語または日本語で記載してください。 영어 또는 일본어로 기재해 주십시오.

[ARRIVAL]

氏 名 ❶ 이 름	영문 성 ❶		영문 이름 ❷	
生年月日 ❷ 생년월일	日일 月월 年년 ❸	現 住 所 ❸ 현 주 소	国名 나라명 ❹	都市名 도시명 ❺
渡 航 目 的 ❹ 도항 목적	☐ 観光 관광 ☐ 商用 상용 ☐ その他 기타	☐ 親族訪問 친척 방문	❺ 航空機便名・船名 도착 항공기 편명・선명 ❻ 日本滞在予定期間 일본 체재 예정 기간	
日本の連絡先 ❼ 일본의 연락처			TEL 전화 번호	

裏面の質問事項について、該当するものに☐を記入して下さい。
뒷면의 질문 사항 중 해당되는 것에 체크 표시를 기입해 주십시오.

❽	1. 日本での退去強制歴・上陸拒否歴の有無 일본에서의 강제 퇴거 이력・상륙 거부 이력의 유무	☐ はい 예	☐ いいえ 아니오
	2. 有罪判決の有無（日本での判決に限らない） 유죄 판결의 유무(일본/일본 내외의 모든 판결)	☐ はい 예	☐ いいえ 아니오
	3. 規制薬物・鉄砲・刀剣類・火薬類の所持 규제 약물・총포・도검류・화약류의 소지	☐ はい 예	☐ いいえ 아니오

上記の記載内容は事実と相違ありません。 이상의 기재 내용은 사실과 틀림 없습니다.

❾ 署名 서명 _____

---

❶ 이름
여권과 같게 성과 이름을 영문으로 씁니다.
예) ❶ HONG ❷ GILDONG

❷ 생년월일
여권과 같게 '일 → 월 → 연도' 순으로 적습니다.
예) 1986년 9월 23일 → ❸ 23091986

❸ 현주소(나라명/도시명)
본인의 실제 거주지를 적습니다.
예) ❹ KOREA ❺ SEOUL

❹ 도항 목적
일본에 온 목적을 묻는 말이므로, '관광'에 표시하세요.

❺ 항공기 편명
비행기의 편명을 적습니다.

❻ 일본 체재 예정 기간
4박 5일 일정이라면 '5 days'라고 적습니다.

❼ 일본의 연락처
숙소의 주소와 전화번호를 적으면 됩니다.

❽ 기타 질문
모두 다음과 같은 세 가지 질문이 있습니다. 각각에 해당하는 경우가 있다면 '예'에 없다면 '아니오'에 체크합니다. 각각의 질문은 다음과 같습니다. '아니오'에 체크해야 문제가 없습니다.
1. 일본에서의 강제 퇴거 이력・상륙 거부 이력의 유무
2. 유죄 판결의 유무(일본뿐 아니라 전 세계에서)
3. 규제 약물・총포・도검류・화약류의 소지

❾ 서명
본인의 이름을 한글로 적거나 사인을 하면 됩니다.

휴대품 · 별송품 신고서

휴대품 · 별송품 신고서

하기 및 뒷면의 사항을 기입하여 세관직원에게 제출하여 주시기 바랍니다.
가족이 동시에 검사를 받을 경우에는 대표자가 1장 제출하여 주시기 바랍니다.

탑승기편명(선명) ❶		출발지 ❷	
입 국 일 자 ❸	년	월	일
성 명 (영문) ❹ 성 (Surname)		이름 (Given Name)	
현 주 소 (일본국내 체류지) ❺ 전화번호 ( )			
국 적 ❻		직 입 ❼	
생년월일 ❽ 년		월	일
여권번호 ❾			
동반가족 ❿ 20세이상 명	6세~20세미만 명		6세미만 명

아래의 질문에 대하여 해당하는 □에 "✓"표시를 하여 주시기 바랍니다.

1.다음 물품을 가지고 있습니까? ⓫   있음   없음

①일본으로 반입이 금지되어 있는 물품 또는 제한되어 있는 물품 (B면을 참조) □ □
②면세 범위 (B면을 참조)를 초과하는 물품 등. □ □
③상업성 화물·상품 견본품. □ □
④다른사람의 부탁으로 대리 운반하는 물품. □ □

* 상기 항목에서 「있음」을 선택한 분은 B면에 입국시에 휴대반입할 물품을 기입하여 주시기 바랍니다.

100만엔 상당액을 초과하는 현금 또는 유가증권 등을 가지고 있습니까?   있음   없음 □ □

* 「있음」을 선택한 분은 별도로 「지불수단 등의 휴대 수출·수입신고서」를 제출하여 주시기 바랍니다.

별송품 입국할 때 휴대하지 않고 택배 등의 별법으로 이동하여 별도로 보낸 짐(이삿짐을 포함)이 있습니까?

□ 있음 (개) □ 없음

* 「있음」을 선택한 분은 휴대반입할 물품을 B면에 기입한 후 이 신고서를 2장 제출하여 세관직원의 확인을 받아 주시기 바랍니다.(입국후 6개월이내에 수입할 물품에 한함) 세관에서 확인을 받은 신고서는 별송품을 통관시킬 때 필요합니다.

《주의사항》
세관에서 구입한 물건, 다른사람의 부탁으로 운반하는 물품 등 일본으로 반입하려고 하는 휴대품·별송품에 대해서는 법률에 의거하여 세관에 신고하고 필요한 검사를 받아야 합니다.
또한 신고 누락, 허위 신고 등 부정한 행위가 있으면 일본 법률에 따라 처벌을 받을 수 있습니다.

이 신고서 기재내용은 사실과 같습니다.

서 명 ⓬

Tips

여권, 항공권, 숙소 예약 서류 등을 비행기에 꼭 가지고 탑니다. 비행기 안에서 적지 못한 것은 일본 공항에 내려서 적으면 되지만, 그만큼 입국 심사를 늦게 받습니다.

---

❶ 탑승기 편명
이번에 타고 온 비행기의 편명

❷ 출발지
우리나라의 공항 이름을 적으면 됩니다.
예) INCHEON / GIMPO

❸ 입국 일자
일본에 입국한 당일의 날짜를 적으면 됩니다.

❹ 성명
여권에 있는 성과 이름을 영문으로 씁니다.
예) HONG GILDONG

❺ 현주소
일본의 숙소 주소와 전화번호를 적으면 됩니다.
숙소 예약 서류를 꼭 확인하세요.

❻ 국적
KOREA라고 적습니다.

❼ 직업
student(학생), office worker(회사원),
self-empolyed(자영업), homemaker(주부) 등
으로 적으면 됩니다.

❽ 생년월일
여권에 있는 생년월일과 동일하게 적습니다.

❾ 여권 번호
여권에 있는 여권 번호를 적습니다.

❿ 동반 가족
나이별로 인원수를 적습니다.

⓫ 기타 질문
여행에 필요한 일반적인 물품 외에 이상한 짐이
없다면 '없음'에 체크하면 됩니다.

⓬ 서명
'외국인 입국 기록'에 서명(사인)한 것과 같은 사
인을 합니다.

25

급할 땐 이 한 마디!

 기내에서 ────────────────────── 001

화장실
토이레
トイレ

담요
모-후
毛布
もう ふ

볼펜
보-루뻰-
ボールペン

음료수
노미모노
飲み物
の もの

맥주
비-루
ビール

이어폰
이야홍-
イヤホン

신문
심-붕-
新聞
しん ぶん

아프다
이따이
痛い
いた

 일본 공항에서 ────────────────────── 002

학생
각-세-
学生
がく せい

회사원
카이샤잉-
会社員
かい しゃ いん

관광
캉-코-
観光
かん こう

짐
니모츠
荷物
に もつ

전철 타는 곳
덴-샤노리바
電車乗り場
でんしゃ の ば

버스 타는 곳
바스노리바
バス乗り場
の ば

여권
파스포-토
パスポート

분실물
와스레모노
忘れ物
わす もの

26

예약
요야쿠
予約
よ やく

열쇠
카기
鍵
かぎ

방(객실)
헤야
部屋
へ や

변경
헹-코-
変更
へん こう

뜨거운 물
오유
お湯
ゆ

수건
타오루
タオル

냉장고
레-조-코
冷蔵庫
れい ぞう こ

아침 식사
쵸-쇼쿠
朝食
ちょうしょく

역
에키
駅
えき

버스 정류장
바스테-
バス停
てい

출발
숏-파츠
出発
しゅっぱつ

도착
토-챠쿠
到着
とう ちゃく

표
킵-뿌
切符
きっ ぷ

전철
덴-샤
電車
でん しゃ

환승
노리카에
乗り換え
の   か

출구
데구치
出口
で ぐち

급할 땐 이 한 마디!

 쇼핑 ───────────────────────── 005

얼마
이쿠라
いくら

크다
오-키-
大きい
おお

작다
치-사이
小さい
ちい

다른 색
호카노 이로
他の色
ほか いろ

가격
네당-
値段
ね だん

할인
와리비키
割引
わり びき

영수증
레시-토
レシート

반품
헴-삥-
返品
へんぴん

 관광 ───────────────────────── 006

몇 시부터
난-지까지
何時から
なん じ

몇 시까지
난-지마데
何時まで
なん じ

입장료
뉴-죠-료-
入場料
にゅうじょうりょう

사진
샤싱-
写真
しゃ しん

금지
킨-시
禁止
きん し

기념품
오미야게
お土産
みやげ

예쁘다
키레-
きれい

쓰레기통
고미바코
ごみ箱
ばこ

정가락
오하시
お箸
はし

물수건
오시보리
おしぼり

접시
오사라
お皿
さら

추천
오스스메
お勧め
すす

이것
코레
これ

주세요
쿠다사이
ください

포장
모치카에리
持ち帰り
も　かえ

맛있어요!
오이시ー
おいしい

도와 주세요!
타스케떼!
たすけて

설사
게리
下痢
げ　り

병원
뵤ー잉ー
病院
びょういん

의사
이샤
医者
い　しゃ

사고
지코
事故
じ　こ

경찰
케ー사츠
警察
けい さつ

응급차
큐ー큐ー샤
救急車
きゅうきゅうしゃ

위험해!
아부나이
危ない
あぶ

인사하기 1 밝은 인사 한 마디는 여행의 시작을 상쾌하게 해 줘요. 009

안녕하세요.(아침 인사)
오하요– 고자이마스.
おはようございます。

> '요–'처럼 한글 옆에 '–' 표시가 붙은 것은
> 한 박자 길게 말하라는 뜻이에요.

안녕하세요.(낮 인사)
곤–니찌와.
こんにちは。

안녕하세요.(저녁 인사)
곰–방–와.
こんばんは。

안녕히 주무세요.
오야스미 나사이.
おやすみなさい。

고마워요.
아리가또– 고자이마스.
ありがとうございます。

미안합니다.
스미마셍–.
すみません。

실례합니다.
시쯔레–시마스.
失礼します。
しつれい

지금 바로 들어 보기

저는 이대한이라고 합니다.
와따시와 이대한 또 모-시마스.
私は イデハンと 申します。
わたし　　　　　　　 もう

처음 뵙겠습니다. 잘 부탁합니다.
하지메마시떼. 도-조 요로시꾸.
はじめまして。どうぞ、よろしく。

다녀오겠습니다.
잇-떼키마스.
いってきます。

다녀왔습니다.
타다이마.
ただいま。

잘 먹겠습니다.
이따다키마스.
いただきます。

잘 먹었습니다.
고찌소-사마데시따.
ごちそうさまでした。

신세 많았습니다.
오세와니 나리마시따.
お世話になりました。
せ　わ

지금 바로 들어보기

기내·공항에서　밝은 얼굴로 요청하고 딱 부러지게 말해요.　011

펜 좀 빌려주세요.
펭-, 카시테 쿠다사이.
ペン、貸して ください。
　　か

한 잔 더 주세요.
모- 입-빠이 쿠다사이.
もう一杯、ください。
　　いっぱい

속이 안 좋아요(울렁거려요).
키모치가 와루이데스.
気持ちが 悪いです。
き も　　わる

여행으로 왔어요.
료코-데 키마시타.
旅行で 来ました。
りょ こう　き

로얄호텔에서 묵을 거예요.
로이야루호테루니 토마리마스.
ロイヤルホテルに 泊まります。
　　　　　　　　と

2박 3일(3박 4일 / 4박 5일)입니다.
니하쿠 믹-카(삼-파쿠 욕-카 / 용-하쿠 이츠카)데스.
2泊3日(3泊4日／4泊5日)です。
にはく みっか さんぱくよっか よんはくいつか

제 짐이 나오지 않아요.
와타시노 니모츠가 데테키마셍-.
私の荷物が 出てきません。
わたし　に もつ　　で

지금바로들어보기

 전철 · 버스 에서 힘든 상황에 직면해도 웃는 얼굴로 물어봐요. 🎧012

(전철) 역은 어디죠?
에키와 도코데스까.
駅は どこですか。
えき

버스 타는 곳은 어디예요?
바스 노리바와 도코데스까.
バス乗り場は どこですか。
の ば

승강장은 어디예요?(전철)
호-무와 도코데스까.
ホームは どこですか。

이 버스, 금각사에 갑니까?
코노 바스, 킹-카쿠지니 이키마스까.
このバス、金閣寺に 行きますか。
きん かく じ い

어디에서 갈아타죠?
도코데 노리카에마스까.
どこで 乗り換えますか。
の か

어디에서 내립니까?
도코데 오리마스까.
どこで 降りますか。
お

표를 잃어버렸어요.
킵-뿌오 나쿠시마시타따.
切符を なくしました。
きっ ぷ

지금바로 들어보기

33

여행이 즐거워지는 한 문장

 호텔에서 관광지 호텔의 직원을 가족처럼 생각해 보세요.

🎧013

예약한 이대한입니다.
요야쿠시따 이대한데스.
予約した イデハンです。
よやく

조식은 몇 시부터예요?
초-쇼쿠와 난-지까라데스까.
朝食は 何時からですか。
ちょうしょく　なんじ

체크아웃은 몇 시까지예요?
첵-크아우토와 난-지마데데스까.
チェックアウトは 何時までですか。
なんじ

뜨거운 물이 안 나와요.
오유가 데마셍-.
お湯が 出ません。
ゆ　で

Wi-fi가 안 돼요.
와이화이가 츠카에마셍-.
Wi-fiが 使えません。
つか

에어컨이 안 돼요.
에아콩-가 츠카에마셍-.
エアコンが 使えません。
つか

방을 바꿀 수 있나요?
헤야오 카에라레마스까.
部屋を 変えられますか。
へや　か

지금 바로 들어보기

얼마예요?
이쿠라데스까.
いくらですか。

한 개(두 개 / 세 개) 주세요.
히토츠(후타츠 / 밋-츠) 쿠다사이.
一つ(二つ / 三つ)、ください。
ひと　　ふた　　みっ

사이즈가 커요.
사이즈가 오-키-데스.
サイズが 大きいです。
　　　　　　おお

작아요.
치-사이데스.
小さいです。
ちい

입어 볼 수 있나요?
시차쿠 데키마스까.
試着できますか。
し ちゃく

반품 되나요?
헴-핀- 데키마스까.
返品できますか。
へんぴん

교환 되나요?
코-칸- 데키마스까.
交換できますか。
こう かん

지금 바로 들어보기

관광지·음식점에서 재미있게 보고 맛있게 먹고 여행의 즐거움을 만끽하세요. 015

팸플릿 있나요?
팡-후렛-토, 아리마스까.
パンフレット、ありますか。

사진 찍어 주세요.
샤싱-, 톳-떼 쿠다사이.
写真、撮って ください。
しゃしん　と

입구는 어디예요?
이리구치와 도코데스까.
入り口は どこですか。
い　ぐち

휴게 공간이 있나요?
야스무 토코로와 아리마스까.
休む ところは ありますか。
やす

이거 주세요.
코레, 쿠다사이.
これ、ください。

얼마나 기다리나요?
도노쿠라이 마치마스까.
どのくらい 待ちますか。
ま

추천은 뭐예요?
오스스메와 난-데스까.
お勧めは 何ですか。
すす　　なん

지금바로 들어보기

머리가 아파요.
아타마가 이타이데스.
頭が 痛いです。
あたま　　いた

여기가 아파요.
코코가 이타이데스.
ここが 痛いです。
　　　　いた

약국은 어디 있어요?
쿠스리야와 도코데스까.
薬屋は どこですか。
くすり や

알레르기가 있어요.
아레루기-가 아리마스.
アレルギーが あります。

예방접종 맞았어요.
요보-셋-슈, 우케마시따.
予防接種、受けました。
よ ぼうせっしゅ　う

여권을 잃어버렸어요.
파스포-토오 나쿠시마시따.
パスポートを なくしました。

응급차 부탁합니다.
큐-큐-샤, 오네가이시마스.
救急車、お願いします。
きゅうきゅうしゃ　　ねが

지금 바로 들어보기

PART 3

만끽

당당하게 즐기기

BUCKET LIST
01~30

라-멘-
먹으러 갈까?

📍 라면? 라-멘-!

금강산도 식후경! 한일 양국 국민 모두가 좋아하는 음식 하면 라면을 빼놓을 수 없죠. '라면'을 일본에서는 '라-멘-(ラーメン)'이라고 해요. 라-멘- 가게만 일본 전국에 약 32,000개나 된다고 해요. 가히 국민 음식이라고 할 수 있죠.

일본의 라-멘-은 지방마다 또 가게마다 요리법과 맛이 다르답니다. 자아 그럼, 맛있는 라-멘-을 찾아 떠나 볼까요?

📍 내게 맞는 라―멘―은?

일본 라―멘―은 국물 맛에 따라 네 가지로 나뉘어요.

🍜 **미소라―멘―** (味噌ラーメン)

된장을 베이스로 한 미소라―멘―(味噌ラーメン)은 홋카이도(北海道)의 삿포로(札幌)가 유명해요.

🍜 **쇼유라―멘―** (醬油ラーメン)

간장을 베이스로 한 쇼유라―멘―(醬油ラーメン)은 도쿄에서 시작했다고 하죠. 간장의 숙성도와 향이 맛을 좌우한다네요.

🍜 **통―코츠라―멘―** (とんこつラーメン)

돼지 뼈를 푹 고은 국물을 베이스로 한 통―코츠라―멘―(とんこつラーメン)은 후쿠오카가 있는 규슈(九州) 지역이 유명해요.

🍜 **시오라―멘―** (塩ラーメン)

소금을 베이스로 한 깔끔한 맛의 시오라―멘―은 홋카이도의 하코다테(函館)와 같이 바다가 가까운 곳에 맛집이 많다네요.

📍 토핑 천국 일본

일본 라ー멘ー 가게에 가면 가게마다 다양한 토핑이 있는데요, 기본 메뉴도 좋지만 좋아하는 음식을 곁들여 먹으면 더욱 더 맛있게 먹을 수 있겠죠. 곁들여 먹는 토핑 메뉴에는 다음과 같은 것들이 있어요.

김
노리
のり

파
네기
ねぎ

돼지고기
챠ー슈ー
チャーシュー

달걀
타마고
たまご

죽순 무침
멘ー마
メンマ

미역
와카메
わかめ

시금치
호ー렌ー소ー
ホウレンソウ

숙주
모야시
もやし

Tips

대식가를 위한 면 추가도 가능

주문해서 제공된 양을 보니 간에 기별도 안 갈 정도로 양이 적다면, 면 추가를 요청하세요. 100엔~200엔을 더 받아요.

✪ 주문은 기계로도!

라ー멘ー을 주문할 때는 자판기처럼 생긴 기계에 직접 돈을 넣고 주문을 하는 가게도 있어요. 먼저 먹을 음식을 고른 후 돈을 넣고 버튼을 누르면 주문 완료! 라ー멘ー 가게뿐만 아니라 다른 음식을 파는 가게에도 이런 계산 시스템을 갖춘 곳이 있으므로, 알아 두면 좋겠네요. (지폐를 넣었다면 잔돈 수거는 필수!)

면 추가 부탁해요.
카에다마 오네가이시마스.
替え玉 お願いします。
（か　　だま　　ねが）

물 부탁해요.
오미즈 오네가이시마스.
お水　お願いします。
（みず　　ねが）

물수건 부탁해요.
오시보리 오네가이시마스.
おしぼり お願いします。
（ねが）

잠시 기다려 주세요.
쇼-쇼- 오마치 쿠다사이.
少々　お待ち ください。
（しょうしょう　　ま）

들어오세요.
오하이리 쿠다사이.
お入り ください。
（はい）

이쪽에 앉으세요.
코치라니 오스와리 쿠다사이.
こちらに お座り ください。
（すわ）

지금 바로 들어보기

어서 오세요.
이랏-샤이마세.
いらっしゃいませ。

내점해 주셔서 감사합니다.
고라이텡- 아리가토-고자이마스.
ご来店 ありがとうございます。
らいてん

식권 구입 부탁드립니다.
쇽-켄- 오카이모토메 쿠다사이.
食券 お買い求め ください。
しょっけん か もと

비어 있는 자리에 앉으세요.
아이테이루 세키니 도-조.
空いている席に どうぞ。
あ せき

자리를 붙여 주시겠습니까?(좁혀 앉아 달라는 뜻)
츠메테 모라에마스까.
つめて もらえますか。

주문 전부 확인했습니다.
고츄-몬- 스베테 카꾸닝- 이따시마시따.
ご注文 すべて 確認いたしました。
ちゅうもん かくにん

뜨거우니까, 조심하세요.
아츠이노데 오키오 츠케 쿠다사이.
熱いので、お気を つけ ください。
あつ き

지금바로 들어보기

● 말해야 먹을 수 있다! 😮

메뉴는 어디에 있죠?
메뉴-와 도코데스까.
メニューは どこですか。

추천 메뉴는 뭐죠?
오스스메와 난-데스까.
おすすめは 何ですか。
_{なん}

베이스 스프는 뭐예요?
베-스노 스-프와 난-데스까.
ベースの スープは 何ですか。
_{なん}

면을 살짝 딱딱하게 부탁해요.
카타메데 오네가이시마스.
かためで お願いします。
_{ねが}

면을 살짝 부드럽게 부탁해요.
야와라까메데 오네가이시마스.
やわらかめで お願いします。
_{ねが}

수프 농도를 진하게 부탁해요.
코이메데 오네가이시마스.
こいめで お願いします。
_{ねが}

수프 농도를 연하게 부탁해요.
우스메데 오네가이시마스.
うすめで お願いします。
_{ねが}

지금 바로 들어보기

BUCKET LIST 02

일본 전통 숙소 여관의 멋!

📍 기왕이면 온천 여관

여관(旅館; 료칸–)은 일본식 건물의 숙박 시설을 말해요. 보통은 온천도 같이 붙어 있는 경우가 많죠. 현재 일본에는 4,000여 개의 여관이 있고, 가장 오래된 것은 1300년이나 되었대요. 전통 가옥의 멋도 느껴 보고, 이왕이면 온천이 딸린 여관을 예약해 여행의 피로도 싹 풀어 보면 어떨까요?

🏠 특급 해결사! 친절한 나카이 상

여관에 체크인하면 나카이(仲居)라는 직원이 건물 내 시설 안내부터 객실 이용 설명, 지역 소개까지 친절하게 해 줍니다. 그리고 식사 주문도 받고, 음식을 가져다 주고, 요리 설명도 해 줍니다. 여관에 묵으며 궁금한 일, 곤란한 일이 생겼다면 "나카이 상~" 하고 불러 보세요.

🏠 여관에선 역시 유카타 차림이죠

유카타(ゆかた)는 우리나라의 생활 한복처럼 간편하게 입고 벗을 수 있는 일본 전통 의상이에요. 여관에 묵게 되었다면 우선 옷장에 정갈하게 비치된 유카타로 갈아입고 다니세요. 습도가 높은 한여름 여행이라면 입는 순간 시원함을 느낄 수 있을 거예요.

🏠 여관 객실은 다다미 방

여관 객실은 다다미(畳)가 깔려 있는 전통식 방이 많아요. 와시츠(和室)라고 불리는 이 방은 서양식 가옥이라도 집안에 와시쓰 하나쯤은 마련하는 사람이 많을 정도죠. 일본에서는 방 넓이를 잴 때 다다미(910mm x 1820mm) 몇 장 넓이라고 나타내요. 예를 들어 객실 크기가 10조(畳)라고 하면 다다미 10장분의 면적이라는 뜻이죠. 참! 다다미 방에는 슬리퍼를 벗고 들어가야 하고 다다미의 가장자리는 안 밟는 것이 예의랍니다.

🏠 입보다 눈이 먼저 즐거운 카이세키 요리(会席料理)

여관에서 먹는 연회 요리를 '카이세키 료–리(会席料理)'라고 해요. 그 지역에서 생산한 야채나 생선, 고기 등으로 만든 전통식 코스 요리예요. 예쁘고 화려한 요리들이 입보다 눈을 먼저 즐겁게 해요. 원래는 술과 같이 먹는 요리이기 때문에 밥과 된장국은 마지막에 나온답니다.

젠–사이(前菜)
코스 요리에서 식욕을 돋우기 위해
가장 먼저 제공되는 전채 요리로,
술과 함께 드시면 됩니다.

오스이모노(お吸い物)
전채 요리 다음은 담백한 맛의
국(오스이모노)이 나옵니다. 입맛을
리셋시키는 효과가 있습니다.

🎧 020

온천은 어디에 있나요?
온셍-와 도꼬니 아리마스까.
温泉は どこに ありますか。
おんせん

식당은 어디에 있나요?
쇼쿠도-와 도꼬니 아리마스까.
食堂は どこに ありますか。
しょくどう

온천은 몇 시부터 몇 시까지입니까?
온셍-와 난-지까라 난-지마데데스까.
温泉は 何時から 何時までですか。
おんせん　なんじ　なんじ

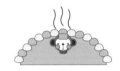

식당은 몇 시부터 몇 시까지입니까?
쇼꾸도-와 난-지까라 난-지마데데스까.
食堂は 何時から 何時までですか。
しょくどう　なんじ　なんじ

잘 부탁드립니다.
요로시쿠 오네가이시마스.
よろしく お願いします。
ねが

무슨 요리입니까?
난-노 료-리데스까.
なんの料理ですか。
りょう り

생선(고기) 요리입니까?
사까나(니꾸) 료-리데스까.
さかな(にく) 料理ですか。
りょう り

지금 바로 들어 보기

어디에서 오셨습니까?
도찌라까라 이랏-샤이마시타까.
どちらから いらっしゃいましたか。

짐을 들어 드리겠습니다.
오니모쯔 오모찌 시마스
お荷物 お持ちします。

방까지 안내해 드리겠습니다.
오헤야마데 고안-나이 시마스.
お部屋まで ご案内します。

여관 내부를 설명 드리겠습니다.
칸-나이노 고세츠메-오 사세테 이타다끼마스.
館内の ご説明を させて いただきます。

식사는 몇 시쯤 드시겠어요?
오쇼쿠지와 난-지고로 메시아가리마스까.
お食事は 何時頃、召し上がりますか。

입에 맞으세요?
오쿠찌니 아이마스까.
お口に 合いますか。

무언가 있으시면 언제든지 불러 주세요.
나니까 아리마시타라 이츠데모 오요비 쿠다사이.
何か ありましたら、いつでも お呼び ください。

지금 바로 들어보기

🗣 말해야 즐길 수 있다! 👄

여관까지 어떻게 가면 되죠?
료칸–마데 도– 이케바 이–데스까.
旅館まで どう 行けば いいですか。
りょかん　　　　　い

지금 버스 정류장에 있어요.
이마 바스테–니 이마스.
今 バス停に います。
いま　　てい

방이 춥네요.
헤야가 사무이데스.
部屋が 寒いです。
へや　　さむ

방이 덥네요.
헤야가 아츠이데스.
部屋が 暑いです。
へや　　あつ

담요 좀 받을 수 있나요?
모–후, 이타다께마스까.
毛布、 いただけますか。
もう ふ

근처에 편의점이나 수퍼마켓이 있나요?
치카꾸니 콤–비니또까 스–파–가 아리마스까.
近くに コンビニとか スーパーが ありますか。
ちか

택시를 불러 주세요.
타쿠시–오 욘–데 쿠다사이.
タクシーを 呼んで ください。
よ

가족탕을 예약하고 싶은데요….
카조꾸부로오 요야꾸 시타이노데스가…
家族風呂を 予約したいのですが・・・
か ぞく ぶ ろ　　よ やく

지금바로들어보기

택시,
비싸지만 타 볼까?

📍 타쿠시- 노리바

일본어로 택시 타는 곳을 이렇게 말해요. 전철에서 내려 도로로 나가면 근처에 타쿠시- 노리바(タクシー乗り場)가 있으니, 걷기 힘든 날에 목적지가 가깝다면 한 번쯤 이용해 보세요. 그리고 큰 짐이 있어 트렁크를 이용해야 한다면 "토랑-쿠(トランク)" 하고 외쳐 보세요.

📍 일본 택시는

일본에서 택시는 1912년에 도쿄 우에노(上野) 역, 신바시(新橋) 역을 중심으로 처음 등장했대요. 일본 택시도 우리나라처럼 기본 요금에 추가 요금이 붙는 형태인데요, 지역마다 요금제가 달라요. 예를 들면 다음의 표처럼요.

지역	도쿄	삿포로
기본 요금	1052m까지 410엔	1600m까지 670엔
추가 요금	237m마다 80엔	302m마다 80엔

🚕 택시 문이 자동으로 열려요

일본 택시 문은 기사님이 열고 닫아 주기 때문에 손님은 기다리면 돼요. 문을 열려고 손을 뻗었다가 문이 자동으로 열리는 순간과 딱 맞아떨어지면 손가락을 접질릴 수도 있으니 조심해요.

🚕 뒷좌석에 타는 것이 상식

일본에서는 택시를 탈 때 뒷좌석에 타는 것이 상식이에요. 물론 3명 이상인 경우에는 조수석에도 타죠. 혼자 택시를 탈 때, 앞문을 열려고 시도하는 실수는 하지 않도록 해요.

🚕 빈 차 구별법

일본에서 빈 차는 空車(공차)라고 표시가 돼요. 손님이 탑승한 차는 実車(실차)라고 하죠. 한편, 일본에서도 할증 시간이 있어요. 밤 10시부터 새벽 5시까지는 할증 요금이 적용되고요, 割増(할증)이라고 표시되죠.

📍 유니크한 일본 택시

일본에서도 카셰어링이 보급되면서 여러 가지 새로운 서비스를 시작하는 택시 회사가 많아지고 있다고 해요. 어떤 택시들이 있는지 볼까요?

🚗 가라오케 택시

말 그대로 택시 안에서 가라오케를 즐길 수 있는 택시예요. 친구끼리 탔을 때나 회사의 회식 끝나고 집에 갈 때 예약하는 손님이 많다네요.

🚗 진통 택시

언제 진통이 와도 걱정없이 택시를 잡을 수 있는 서비스. 미리 집과 병원을 등록해 놓으면 산모에게 진통이 왔을 때 제일 가까이에 있는 택시에게 바로 연락이 가는 서비스예요.

🚗 키즈 택시

맞벌이 부모가 증가하는 가운데 안전하게 아이들을 집까지 바래다 주는 키즈 택시가 인기를 모으고 있어요. 부모는 아이가 승차 시 바로 어디에 있는지 핸드폰으로 확인할 수 있어 안심이라네요.

🚗 터틀 택시

승차 시 '천천히' 버튼을 누르면 기사님이 더욱더 안전 운전을 해 준다는 서비스예요. 목적지까지 시간은 더 걸려도 흔들리지 않고 마음도 몸도 편하게 가고 싶은 사람을 위한 서비스죠.

EBS BANDI TALK!

🎧 023

실례합니다. 택시 타는 곳은 어디입니까?
스미마셍-. 타쿠시-노리바와 도꼬데스까.
すみません。タクシー乗り場は どこですか。
　　　　　　　　　　　の　　ば

트렁크 좀 열어 주세요.
토랑크 아케떼 쿠다사이.
トランク 開けて ください。
　　　　　　あ

여기에서 세워 주세요.
코꼬데 토메떼 쿠다사이.
ここで とめて ください。

감사합니다.
아리가또-고자이마스.
ありがとうございます。

도쿄 역까지 부탁드립니다.
토-쿄-에끼마데 오네가이시마스.
東京駅まで お願いします。
とうきょうえき　　ねが

이 주소까지 부탁드립니다.
코노 쥬-쇼마데 오네가이시마스.
この住所まで お願いします。
　　じゅうしょ　　ねが

도쿄 역까지 어느 정도 걸립니까?
토-쿄-에끼마데 도노구라이 카카리마스까.
東京駅まで どのぐらい かかりますか。
とうきょうえき

이 주소까지 어느 정도 걸립니까?
코노 쥬-쇼마데 도노구라이 카카리마스까.
この住所まで どのぐらい かかりますか。
　　じゅうしょ

지금 바로 들어 보기

🔈 들어야 탄다! 👂

 024

어디까지 가십니까?
도찌라마데 이까레마스까.
どちらまで 行かれますか。

조금 떨어져 있습니다.
촛-또 하나레떼 이마스.
ちょっと 離れて います。

안전 벨트를 매 주십시오.
시-토베루토오 오시메 쿠다사이.
シートベルトを お締め ください。

도착했습니다.
츠끼마시따.
着きました。

잊은 물건이 없는지 확인 부탁드립니다.
오와스레모노가 나이까, 카꾸닝- 오네가이시마스.
お忘れ物が ないか、確認 お願いします。

내릴 때 지나가는 차를 조심하세요.
오리루또끼, 쿠루마니 키오 츠케떼 쿠다사이.
降りるとき、車に 気を 付けて ください。

100엔 거스름돈입니다.
햐꾸엔-노 오카에시데스.
100円の お返しです。

문을 닫을 테니, 조심하십시오.
도아오 시메마스까라 오키오 츠께 쿠다사이.
ドアを 閉めますから、お気を 付け ください。

지금 바로 들어보기

신주쿠의 ABC호텔까지 부탁해요.

신-주쿠노 ABC호테루마데 오네가이시마스.

新宿の ABCホテルまで お願いします。
しんじゅく　　　　　　　　ねが

조금 서둘러 주세요.

스꼬시 이소이데 쿠다사이.

少し 急いで ください。
すこ　いそ

오른쪽으로 가 주세요.

미기니 잇-떼 쿠다사이.

右に 行って ください。
みぎ　い

왼쪽으로 가 주세요.

히다리니 잇-떼 쿠다사이.

左に 行って ください。
ひだり　い

신호등 앞에서 세워 주세요.

싱-고-노 마에데 토메떼 쿠다사이.

信号の前で 止めて ください。
しんごう　まえ　と

카드로 지불할 수 있나요?

카-도데 시하라에마스까.

カードで 支払えますか。
か　ど　しはら

영수증 부탁해요.

료-슈-쇼, 오네가이시마스.

領収書、お願いします。
りょうしゅうしょ　ねが

친절하게 해 주셔서 감사합니다.

고신-세츠니 아리가또- 고자이마스.

ご親切に ありがとうございます。
しんせつ

지금바로 듣어 보기

BUCKET LIST 04

최대 명절 설날은 오쇼-가츠

📍 설날과 음식

양력을 사용하는 일본의 설 연휴는 1월 1일부터 3일까지예요. 우리나라처럼 아주 중요한 연중행사이죠. 일본에서 설은 오쇼-가츠(お正月)라고 해요. 설 하면 뭐니 뭐니 해도 음식을 빼놓을 수 없죠. 일본의 설 음식은 오세치료-리(おせち料理)라고 하고, 쥬-바코(重箱)라는 찬합 같은 통에 담아서 먹어요. 지역마다 조금씩 차이가 있지만 설 음식 재료에는 특별한 의미가 있어요.

카즈노코(鰊; 청어알)
자손 번창(아이가 많다는 의미)

부리(鰤; 방어)
승진(성장 과정마다 이름이 달라지는 데서 유래)

에비(海老; 새우)
장수(수염이 길고 허리가 구부러질 때까지 건강하게 산다는 의미)

🏠 건강과 액막이를 기원하는 하츠모-데

새해 아침, 일본 사람들은 신사(神社)로 가서 소원을 빌어요. 이 행위를 하츠모-데(初詣)라고 한답니다. 소원 빌기가 끝나면 오미쿠지(お みくじ; 제비)를 뽑아 한 해의 운세를 보는데, 가격은 100엔 정도예요. 관광객이 많이 몰리는 신사에는 외국어로 된 것도 있으니까 기념으로 뽑아 보는 것도 여행의 별미 아닐까요?

🏠 떡국

우리가 설날에 떡국을 먹는 것처럼 일본도 떡국을 먹죠. 일본의 떡국은 오조-니(お雑煮)라고 하는데요, 간장 또는 된장, 채소와 닭고기 등으로 만든 국물에 인절미처럼 생긴 큰 떡을 한두 개 넣은 음식이에요.

📍 여러 가지 설날의 장식품들

설날에는 집안 곳곳에 이런 저런 장식도 하는데요, 대부분 복을 빌고 액막이를 기원하는 의미가 있어요.

🏠 **시메나와(しめ縄)**

집 입구에 걸어, 나쁜 기운은 안 들어오고 신이 들어와 주셨으면 하는 의미가 있어요.

🏠 **카가미모치(鏡餅)**

신에게 드리는 공물이에요. 1월 11일에 같이 먹고 신의 힘을 받으려고 했다고 합니다.

🏠 **카도마츠(門松)**

신이 집을 찾아오실 때 헤매지 않도록 집 현관 앞에 두는 장식물이에요.

⭐ 새해 인사는 일본어로 어떻게 할까요?

새해 복 많이 받으세요!

아케마시떼 오메데또- 고자이마스!

明けまして、おめでとう ございます。
あ

잘 먹겠습니다.
이따다끼마스.
いただきます。

잘 먹었습니다.
고찌소-사마데시따.
ごちそうさまでした。

새해 복 많이 받으세요.
아케마시떼 오메데또- 고자이마스.
あけまして おめでとう ございます。

생일 축하합니다.
탄-죠-비 오메데또- 고자이마스.
誕生日 おめでとう ございます。
たんじょう び

결혼 축하합니다.
켁-꽁- 오메데또- 고자이마스.
結婚 おめでとう ございます。
けっこん

지금 바로 들어보기

올해는 취직하고 싶어요.

코토시와 슈-쇼꾸 시따이데스.

今年は 就職したいです。
ことし　　しゅうしょく

새뱃돈 받았어요?

오토시다마, 모라이마시타까.

お年玉、もらいましたか。
　としだま

입에 맞을지 모르겠지만, 드세요.

오쿠찌니 아우까 와카리마셍-가, 도-조.

お口に 合うか わかりませんが、どうぞ。
　くち　あ

한 개 어떠세요?

오히토츠 이카가데스까.

おーつ、いかがですか。
　ひと

연을 날립시다.

타꼬아게 시마쇼-.

凧あげしましょう。
たこ

올해도 좋은 한 해가 되기를.

코토시모 이- 이치넨-니 나리마스요-니.

今年も いい一年に なりますように。
ことし　　いちねん

새해 참배 갔나요?

하츠모-데와 이키마시타까.

初詣は 行きましたか。
はつもうで　い

운세 뽑기는 했어요?

오미쿠지와 히키마시타까.

おみくじは 引きましたか。
　　　　　ひ

지금바로 들어보기

🍡 **말해야 즐길 수 있다!** 😋　🎧 028

운세 뽑기는 어디에 있어요?
오미쿠지와 도꼬니 아리마스까.
おみくじは どこに ありますか。

대길이었어요.
다이키찌데시따.
大吉でした。
だいきち

무엇으로 만든 건가요?
나니데 츠꿋-따 모노데스까.
何で 作った ものですか。
なに　　つく

명절 음식은 처음 먹어 봐요.
오세치료-리와 하지메떼 타베마스.
おせち料理は 初めて 食べます。
りょうり　　はじ　　た

작년에는 신세 많이 졌습니다.
쿄넹-와 오세와니 나리마시따.
去年は お世話になりました。
きょねん　　せわ

올해도 잘 부탁드립니다.
코토시모 요로시꾸 오네가이시마스.
今年も よろしく お願いします。
ことし　　　　ねが

새뱃돈 감사합니다.
오토시다마 아리가또-고자이마스.
お年玉、ありがとうございます。
としだま

떡국 맛있네요.
오조-니 오이시-데스.
お雑煮、おいしいです。
ぞうに

지금 바로 들어보기

BUCKET LIST 05

너의 이름은 초밥? 스시!

초밥은 일본어로 스시

이랏—샤이마세(いらっしゃいませ)! 초밥 가게에 들어가면 가장 먼저 듣게 되는 말, '어서 오세요'라는 뜻이에요. 초밥은 일본어로 스시(寿司)라고 하죠. 식초와 섞어서 만든 밥 위에 회를 얹은 일본 요리예요. 처음에는 짧은 시간에 먹을 수 있게 포장마차에서 팔던 패스트푸드 같은 음식이었다는데요, 지금은 일본 하면 제일 먼저 떠오르는 음식 중 하나가 되었네요.

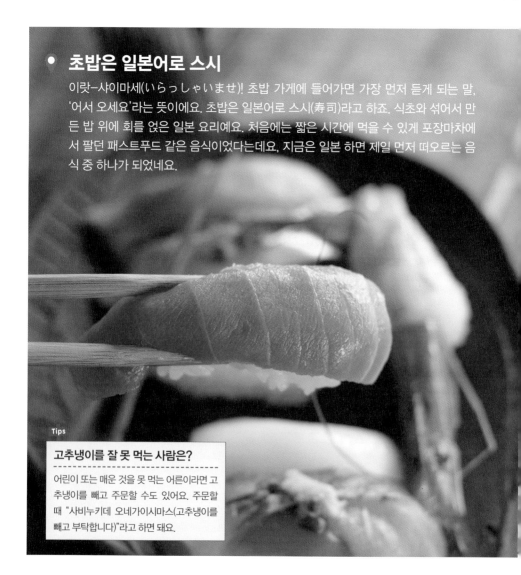

Tips

고추냉이를 잘 못 먹는 사람은?

어린이 또는 매운 것을 못 먹는 어른이라면 고추냉이를 빼고 주문할 수도 있어요. 주문할 때 "사비누키데 오네가이시마스(고추냉이를 빼고 부탁합니다)"라고 하면 돼요.

🍣 인기 메뉴는 일본어로 알아 두어요 🥢

참치 붉은 살
마구로(아카미)
まぐろ(赤身)

전어
코하다
こはだ

참치 뱃살
츄-토로
中トロ

연어 알
이쿠라
イクラ

농어
스즈키
スズキ

성게
우니
うに

오징어
이카
いか

새우
에비
えび

광어
히라메
ひらめ

고등어
사바
さば

문어
타꼬
たこ

붕장어
아나고
あなご

도미
타이
たい

가다랑어
카츠오
かつお

전갱이
아지
あじ

방어 (새끼)
하마치
はまち

꽁치
삼-마
さんま

게
카니
かに

연어
사-몽-
サーモン

카리비
호타테
ほたて

🍣 회전 초밥 집에 가면

회전 초밥 집은 메뉴도 다양하고 가격도 비교적 저렴해 인기가 좋아요. 스시 외에 라면, 우동, 카레, 튀김, 케이크 등의 메뉴도 있어서 날 것을 못 먹는 사람도 즐길 수 있어요.

🍣 간장은 밥에다 찍지 않아요!

스시를 먹을 때 간장은 밥이 아니라 생선에 찍어요. 장인의 손으로 잔뜩 모양을 낸 밥의 모양이 변형되기 때문이죠. 요즘은 스시에 적당량을 쉽게 뿌려 먹을 수 있도록 한 완—풋슈쇼—유사시(ワンプッシュ醤油さし; 원 푸시 간장 종지)라는 것을 마련한 가게도 있어요.

⭐ 젓가락 매너

일본에서는 젓가락을 주로 사용해요. 그래서 지켜야 하는 젓가락 매너도 많죠. 젓가락 사용 매너에는 어떤 것들이 있는지 알아 둘까요?

그릇 위에 젓가락을 가로질러 올려 놓으면 안 됩니다.

젓가락으로 그릇을 끌거나 돌리면 안 됩니다.

젓가락으로 음식을 찔러 보면 안 됩니다.

반찬을 눈앞에 두고 젓가락으로 망설이면 안 됩니다.

젓가락으로 사람을 가리키면 안 됩니다.

어서 오세요.
이랏-샤이마세.
いらっしゃいませ。

참치(참치 뱃살/오징어/광어) 주세요.
마구로(츄-토로/이카/히라메) 쿠다사이.
まぐろ(中トロ/いか/ひらめ) ください。
ちゅう

고추냉이 빼고 부탁드립니다.
와사비누키데 오네가이시마스.
わさび抜きで お願いします。
ぬ   ねが

마요네즈 빼고 부탁드립니다.
마요네-즈누키데 오네가이시마스.
マヨネーズ抜きで お願いします。
ぬ   ねが

피클 빼고 부탁드립니다.
피쿠루스누키데 오네가이시마스.
ピクルス抜きで お願いします。
ぬ   ねが

몇 분이십니까?
난-메-사마데스까.
何名様ですか。
なんめいさま

한 명(두 명/세 명)입니다.
히토리(후타리/산-닌-)데스.
1人(2人/3人)です。
ひとり ふたり さんにん

카운터(테이블) 자리로 괜찮으십니까?
카운타-(테-부루)세끼데 요로시-데스까.
カウンター(テーブル)席で よろしいですか。
せき

지금 바로 들어보기

결정하셨나요?
오키마리데스까.
お決まりですか。

밥 양을 선택할 수 있습니다.
고한-노 료- 에라베마스.
ご飯の量 選べます。

간장을 찍어서 드세요.
쇼-유오 츠케떼 오메시아가리 쿠다사이.
醤油をつけて、お召し上がり ください。

그대로 드세요.
소노마마 오메시아가리 쿠다사이.
そのまま お召し上がり ください。

지금은 방어가 맛있습니다.
이마와 부리가 오이시-데스.
今は ぶりが おいしいです。

계산은 저쪽에서 부탁드려요.
오카이케-와 아찌라데 오네가이시마스.
お会計は あちらで お願いします。

두 분입니다.
니메-사마데스.
2名様です。

음료수는 어떻게 하시겠어요?
오노미모노와 이카가 나사이마스까.
お飲み物は いかがなさいますか。

지금바로 들어 보기

68

🍙 말해야 먹을 수 있다! 👄 🎧 031

메뉴 주세요.
메뉴- 쿠다사이.
メニュー ください。

런치 세트 2개 부탁해요.
란-치셋-토 후타츠 오네가이시마스.
ランチセット 二つ お願いします。
　　　　　　 ふた　　 ねが

(밥 양을) 적게 부탁해요.
스쿠나메데 오네가이시마스.
少なめで お願いします。
すく　　 　ねが

수프도 있나요?
스-프모 아리마스까?
スープも ありますか。

음료수는 무엇이 있나요?
노미모노와 나니가 아리카스까.
飲み物は 何が ありますか。
の　もの

물수건 주세요.
오시보리 쿠다사이.
おしぼり ください。

같은 것으로 하나 더 주세요.
오나지모노데 모-히토츠 쿠다사이.
同じもので もう一つ ください。
おな　　　　 ひと

계산 부탁해요.
오카이케- 오네가이시마스.
お会計、お願いします。
かいけい　 ねが

지금 바로 들어보기

BUCKET LIST 06

전철, 지하철 이용하기

📍 종류가 다양한 전철, 지하철

우리나라와 비교해 일본은 훨씬 많은 전철과 지하철 노선이 있어요. 역 중에는 이용객이 많은 곳과 그렇지 않은 곳이 있겠죠. 그래서 전철과 지하철도 종류에 따라 역마다 서는 것, 띄엄띄엄 서는 것 등의 구분이 있어요. 다음처럼요.

- 각 역 정차(各駅停車; 카쿠에키테-샤) : 모든 역에 정차
- 급행(急行; 큐-코-) : 주요 역에서만 정차
- 통근 특급(通勤特急; 츠-킨-톡-큐-) : 출퇴근 시 직장인들이 많이 이용하는 역에서만 정차

이용객이 가장 많다는 도쿄 신주쿠 역 전경

📍 전철역 이모저모

일본 여행을 간다면 해당 도시의 노선도 하나쯤은 준비해 가는 것이 좋겠네요.
여기서 잠깐, 퀴즈 좀 내 볼까요?

- 일본에서 가장 오래된 전철역은? 신바시 역(新橋駅).
- 이용객이 가장 많은 역은? 신주쿠 역(新宿駅).
- 가장 높은 곳에 위치한 역은? 나가노(長野)의 노베야마 역(野辺山駅).

🚈 신주쿠 역(도쿄)

하루 360여만 명이 이용.
참고로 우리나라는 강남
역으로, 하루에 약 20만
명이 이용.

🚈 신바시 역 (도쿄)

1872년에 문을 열었으니 150여 년의 역사가
있는 전철역.

🚈 노베야마 역 (나가노)

해발 1,345m에 위치. 여름엔 피서지, 가을엔
단풍의 명소로 유명.

전철 역 출구

우리나라는 역 출구가 ①번 출구, ②번 출구 식으로 번호로 되어 있죠.
일본은 동서남북으로 되어 있어요. 동쪽 출구(東口; 히가시구치), 서쪽
출구(西口; 니시구치), 남쪽 출구(南口; 미나미구치), 북쪽 출구(北口; 키타구치), 중앙 출구(中央口; 추-오-구치).
한편, 도쿄의 부엌이라 불리는 츠키지(築地) 시장에 가려면 츠키지시장(築地市場) 역을 이용하면 돼요.

🚋 교통카드의 매력

지하철이나 전철을 탈 때마다 표를 사도 되지만, 우리나라처럼 충전식 교통카드를 이용하는 쪽이 훨씬 편해요. 편의점에서 계산할 때도 쓸 수 있고, 다음에 일본에 갔을 때도 이용 가능하죠. 지역별로 판매하는 카드가 다르지만 요즘에는 다른 지역에서도 사용할 수 있으니 하나 사 놓으면 좋겠죠. 제일 유명한 것은 관동지방 역에서 구매할 수 있는 스이카(SUICA)예요.

🚋 여성 전용 차량(女性専用車両)

우리나라에서는 서울 등의 노선에서 폐지된 여성 전용 차량이 일본에는 여전히 존재해요. 출퇴근 시간의 몸 부딪힘이나 치한 문제 등 때문이죠. 따라서 남성 여행객이라면 사진의 표시를 기억해 두었다가 해당 차량에 타지 않도록 주의해요.

⭐ 싸게 갈까, 빨리 갈까, 편하게 갈까?

일본은 워낙 노선이 많아 목적지까지 가는 방법도 다양해요. 민영 노선도 포함되어 있어서 갈아탈 때면 추가 요금을 내야 할 때도 있죠. 그래서 보통 사람들은 저렴하게 가는 방법과 빨리 가는 방법, 돈은 조금 더 들더라도 편하게 가는 방법 등 상황에 따라 구별해서 이용해요. 경로를 검색하면 이 사진처럼 가는 방법을 선택할 수 있어요.

EBS BANDI TALK!

이 전철, 신쥬쿠 역에 서나요?
코노 덴−샤 신−주쿠에끼니 토마리마스까.
この電車、新宿駅に 止まりますか。
でんしゃ　しんじゅくえき　と

이 전철, 신바시(노베야마) 역에 서나요?
코노 덴−샤 신−바시(노베야마)에끼니 토마리마스까.
この電車、新橋(のべやま)駅に 止まりますか。
でんしゃ　しんばし　えき　と

이 전철, 신쥬쿠 행인가요?
코노 덴−샤, 신−주쿠 유키데스까.
この電車、新宿行きですか。
でんしゃ　しんじゅく ゆ

이 전철, 신바시(노베야마) 행인가요?
코노 덴−샤 신−바시(노베야마) 유키데스까.
この電車、新橋(のべやま)行きですか。
でんしゃ　しんばし　ゆ

츠키지 시장은 어디에서 나가면 되나요?
츠키지 이치바와 도꼬까라 데레바 이−데스까.
築地市場は どこから 出れば いいですか。
つきじ いちば　で

한큐백화점은 어디에서 나가면 되나요?
항−큐 데빠−또와 도꼬까라 데레바 이−데스까.
阪急デパートは どこから 出れば いいですか。
はんきゅう　で

여기는 어디에서 나가면 되나요?
코꼬와 도꼬까라 데레바 이−데스까.
ここは どこから 出れば いいですか。
で

지금 바로 들어보기

이케부쿠로 행을 타세요.
이케부쿠로유끼니 놋−떼 쿠다사이.
池袋行きに 乗って ください。
いけぶくろ ゆ の

시부야에서 갈아타세요.
시부야데 노리카에테 쿠다사이.
渋谷で 乗り換えて ください。
しぶ や の か

곧 전철이 옵니다.
마모나쿠 덴−샤가 마이리마스.
まもなく 電車が まいります。
でんしゃ

위험하니까, 노란 선까지 물러서 주십시오.
아부나이데스노데, 키−로이센−마데 오사가리 쿠다사이.
危ないですので、黄色い線まで お下がり ください。
あぶ き いろ せん さ

문이 닫힙니다.
도아가 시마리마스.
ドアが 閉まります。
し

통과합니다.
츠−카 이타시마스.
通過いたします。
つう か

환승하실 손님은 이 역에서 내리십시오.
오노리카에노 오캬꾸사마와 코치라노 에끼데 오오리 쿠다사이.
お乗り換えのお客様は こちらの駅で お降り ください。
の か きゃくさま えき お

뛰어들기 승차는 하지 말아 주십시오.
카케코미죠−샤와 오야메 쿠다사이.
駆け込み乗車は おやめ ください。
か こ じょうしゃ

지금바로 들어보기

74

실례합니다. 아사쿠사까지 어떻게 가죠?

스미마셍ー. 아사쿠사마데 도ー얏ー떼 이키마스까.

すみません、浅草まで どうやって 行きますか。
あさくさ　　　　　　　　　 い

이것은 시부야 역에 서나요?

코레와 시부야에끼니 토마리마스까.

これは 渋谷駅に 止まりますか。
　　　 しぶ や えき　 と

환불할 수 있나요?

하라이모도시 데끼마스까.

払い戻し できますか。
はら　もど

죄송합니다. 표를 잃어버렸는데요.

스미마셍ー. 킵ー뿌오 나쿠시떼 시맛ー딴ー데스가….

すみません。切符を なくして しまったんですが…。
　　　　　 きっ ぷ

이 차량은 여성 전용 차량인가요?

코노 샤료ー와 죠세ー셍ー요ー 샤료ー데스까.

この車両は 女性専用 車両ですか。
　　しゃりょう　 じょせいせんよう しゃりょう

표 사는 곳은 어디죠?

킵ー뿌 우리바와 도꼬데스까.

切符売り場は どこですか。
きっ ぷ う ば

출구는 어디예요?

데구치와 도꼬데스까.

出口は どこですか。
で ぐち

지금 바로 듣어보기

여행을 갔다면 오미야게 사 오세요

📍 오미야게(お土産)란?

여행 갔을 때, 여행지에서 사 오는 그 지방만의 특산품을 뜻해요. 여행을 계획 중이거나 지금 여행 중이라면 귀국해서 가족 또는 벗에게 줄 오미야게 사러 가 볼까요? 그럼, 지역별로 유명한 오미야게로는 어떤 것들이 있을까요?

Tips

무슨 봉투에 넣을까?

오미야게를 사면 봉투에 넣어 주는데요. 종이 봉투는 카미부쿠로(紙袋)라고 하고, 비닐 봉 투는 비니-루부쿠로(ビニール袋)라고 해요.

도쿄 🛍 **도쿄바나나**
(東京ばな奈)

부드러운 빵 케이크. 바나나 맛 외에도 다양한 맛이 있고, 받으면 누구나 좋아할 오미야게예요.

오사카 🛍 **551호라이**
(551HORAI)

하루에 15만 개나 팔린다는 고기 만두예요. 수제로 만들기 때문에 관서지방에서만 판매한다네요.

교토 🛍 **야츠하시**
(八ツ橋)

부드럽고 살짝 단맛이 나는 떡을 얇게 펴서 안에 여러 종류의 팥소를 넣어 만들었어요. 살살 녹는 맛이 일품이죠.

오키나와 🛍 **베니이모타루토**
(紅芋タルト)

자색 고구마로 만든 타르트. 너무 달지 않아 단 것을 별로 안 좋아하는 사람에게도 추천할 수 있답니다.

홋카이도

🛍 **로이즈(ロイズ)**

일반 초콜릿처럼 딱딱하지 않고 입안에서 살살 녹는 부드러움이 일품이죠. 맛도 여러 가지가 있어요.

후쿠오카

🛍 **멘타이꼬(明太子)**

명란이에요. 요즘에는 튜브에 넣어 원하는 만큼 짜서 먹을 수 있게 한 상품이 인기예요.

고베

🛍 **이카나고쿠기니**
(いかなごくぎ煮)

말린 까나리(생선)에 간장과 생강 등의 재료를 넣고 볶아 만든 고급 반찬이죠.

지바

🛍 **피낫-츠모나카**
(ピーナッツ最中)

땅콩 모양의 과자 속에 땅콩 소를 넣은 화과자예요. 부드러운 단맛이라네요.

035

안에 무엇이 들어 있나요?
나까니 나니가 하잇-떼 이마스까.
中に 何が 入って いますか。
なか なに はい

팥(크림/명란)이 들어 있습니다.
앙꼬(쿠리-무/멘-타이꼬)가 하잇-떼 이마스.
あんこ(クリーム/めんたいこ)が 入って います。
はい

딸기가 들어 있습니다.
이치고가 하잇-떼 이마스.
いちごが 入って います。
はい

아무것도 들어 있지 않습니다
나니모 하잇-떼 이마셍-.
何も 入って いません。
なに はい

종이 봉투 한 개(두 개/세 개) 받을 수 있나요?
카미부쿠로 히토츠(후타츠/밋-쯔) 모라에마스까.
紙ぶくろ 一つ(二つ/三つ) もらえますか。
かみ ひと ふた みっ

한 개 더 받을 수 있나요?
모-히토츠 모라에마스까.
もう一つ もらえますか。
ひと

젓가락 받을 수 있나요?
오하시 모라에마스까.
おはし もらえますか。

지금 바로 들어보기

🎧 들어야 산다! 👂

망가지기 쉬우니 조심하세요.
코와레야스이노데, 오키오 츠케 쿠다사이.
壊れやすいので、お気を つけ ください。
こわ　　　　　　　　　　　き

깨지기 쉬우니 조심하세요.
와레야스이노데, 오키오 츠케 쿠다사이.
割れやすいので、お気を つけ ください。
わ　　　　　　　　　　き

큰 봉투에 합쳐드릴까요?
오-키-후쿠로니 오마토메 시마쇼-까.
大きい袋に おまとめ しましょうか。
おお　ふくろ

여권 봐도 되겠습니까?
파스포-토 하이켄 시테모 요로시-데스까.
パスポート 拝見しても よろしいですか。
　　　　　はいけん

면세인 분은 이쪽으로 서 주세요.
멘제-노카따와 코찌라니 오나라비 쿠다사이.
免税の方は こちらに お並び ください。
めんぜい　かた　　　　　　　なら

시식 어떠세요?
고시쇼꾸, 이카가데스까.
ご試食、いかがですか。
　ししょく

제일 인기 상품이에요.
이찌방- 닝-끼노 쇼-힌-데스.
一番 人気の 商品です。
いちばん　にんき　しょうひん

지금 바로 들어보기

80

🔵 말해야 살 수 있다! 👄

유통기한은 언제까지인가요?
쇼-미키겐-와 이츠마데데스까.
賞味期限は いつまでですか。
しょう み き げん

(상품의 사용 기한 등) 오래가나요?
나가모찌 시마스까.
長持ち しますか。
なが も

비행기에 들고 탈 수 있나요?
히코-끼노 나까니 못-떼 하이레마스까.
飛行機の中に 持って 入れますか。
ひ こう き なか も はい

한국에서도 사용할 수 있나요?
캉-꼬꾸데모 츠카에마스까.
韓国でも 使えますか。
かんこく つか

몇 개 들어 있어요?
이쿠츠 하잇-떼 이마스까.
いくつ 入って いますか。
はい

다른 맛도 있나요?
치가우 아지모 아리마스까.
違う 味も ありますか。
ちが あじ

더 작은 사이즈도 있나요?
못-또 치-사이 사이즈모 아리마스까.
もっと 小さい サイズも ありますか。
ちい

지금 바로 들어보기

낭만을 마셔 볼까?
이자카야

📍 한잔하고 싶을 땐 이자카야

혼자 하는 여행이든 여럿이 하는 여행이든 가벼운 한 잔 술은 여행의 맛을 더해
주죠. 거리에 흔히 보이는 술집을 이자카야(居酒屋)라고 해요. 저녁 식사 겸 한
번쯤 들러 여행의 낭만을 마셔 보는 건 어떨까요?

🍺 이자카야에 가면 나오는 오토-시(お通し)란?

일본의 술집 이자카야에 가면 주문하기도 전에 사람 수대로 오토-시(お通し)라는 기본 안주가 나와요. 이것은 자릿세와 비슷한 개념인데, 우리나라에는 없는 문화죠. 한 사람당 100~500엔 정도 한다네요.

📍 일본 술의 재료와 마시는 법

일본 소주는 여러 재료로 만들어져요. 대표적인 것은 고구마, 보리, 쌀, 메밀 등이 있죠. 한편, 마시는 법도 우리와 조금 다른데요, 주로 다음과 같은 네 가지가 있어요.

록쿠(ロック)
술에 얼음을 넣어 마시는 방법으로 술 본래의 향을 느낄 수 있어요.

미즈와리(水割り)
술에 물과 얼음을 넣는 방법으로, 독하지 않고 부드럽게 맛을 즐길 수 있죠.

오유와리(お湯割り)
술에 뜨거운 물을 섞는 방법으로, 향이 가장 확 오르고 추운 날에는 딱이에요!

오챠와리(お茶割り)
술에 차를 타서 마시는 방법으로, 차의 쓴 맛이 소주의 독한 맛을 잘 잡아 준다네요.

🍺 술을 못 마셔도 이자카야는 즐기자

일본 이자카야에는 무알콜 맥주와 무알콜 칵테일이 있어요. 특히 무알콜 맥주는 맛도 진짜 맥주와 손색이 없을 정도죠. 다음 날 아침 일찍 일정이 있는 사람에게는 강력 추천!

무알콜 와인(위)과 무알콜 칵테일(아래 좌측), 무알콜 맥주(아래 우측) 등 다양한 상품이 있다.

🍺 맥주 안주 하면!

우리는 맥주 하면 치킨(치맥)이죠. 일본에서 맥주의 단골 안주는 에다마메(えだ효; 소금을 뿌려 삶은 풋콩)예요. 어느 가게에나 꼭 있는 안주이니 한번 먹어 보세요.

🍺 일본식 좌석 '호리고타츠'

일본에만 있는 호리고타츠(掘りごたつ)는 테이블 밑 마루를 뚫어 다리를 내려 앉을 수 있어요. 이런 자리에서 식사 겸 한잔하면 하루의 피로가 금방 풀리는 느낌이 들겠네요.

추천 메뉴는 무엇입니까?
오스스메와 난-데스까.
おすすめは　何ですか。
　　　　　　なん

저의 추천 메뉴는 풋콩입니다.
와타시노 오스스메와 에다마메데스.
私の　おすすめは　えだまめです。
わたし

다음은 문어와 고추냉이 무침 요리입니다.
츠기와 타꼬와사데스.
次は　たこわさです。
つぎ

다음은 닭 꼬치 요리(튀김 요리)입니다.
츠기와 야끼토리(카라아게)데스.
次は　焼きとり(からあげ)です。
つぎ　　や

우선 생맥주로….
토리아에즈 나마데….
とりあえず　生で…。
　　　　　なま

닭 꼬치가 아직 오지 않았어요.
야끼토리가 마다 키떼 이마셍-.
焼きとりが　まだ　来て　いません。
や　　　　　　　き

술이 아직 오지 않았어요.
오사케가 마다 키떼 이마셍-.
お酒が　まだ　来て　いません。
さけ　　　　き

닭 튀김이 아직 오지 않았어요.
카라아게가 마다 키떼 이마셍-.
からあげが　まだ　来て　いません。
　　　　　　き

지금바로 들어 보기

몇 분이세요?
난-메-사마데스까.
何名様ですか。
なんめいさま

지금, 만석입니다.
타다이마 만-세끼데 고자이마스.
ただいま 満席で ございます。
まんせき

안내해 드리겠습니다. 이쪽으로 오세요.
고안-나이시마스. 코찌라에 도-조.
ご案内します。こちらへ どうぞ。
あんない

안주는 어떻게 하시겠습니까?
오츠마미와 도- 나사이마스까.
おつまみは どうなさいますか。

결정하시면, 불러 주세요.
오키마리 데시타라 오요비 쿠다사이.
お決まりでしたら、お呼び ください。
き　　　　　　　　よ

마지막 주문 시간입니다.
라스토 오-다-노 오지칸-데스.
ラストオーダーの お時間です。
じ　かん

이쪽은 치워도 되겠습니까?
코찌라, 오사게 시떼모 요로시-데쇼-까.
こちら、お下げしても よろしいでしょうか。
さ

지금 바로 들어보기

다섯 명이에요.
고닌–데스.
五人です。
ご にん

메뉴 보여 주세요.
메뉴– 미세떼 쿠다사이.
メニュー 見せて ください。
み

이것은 어떤 요리인가요?
코레와 돈–나 료–리데스까
これは どんな 料理ですか。
りょう り

달지 않은 요리는 어느 것이죠?
아마꾸나이 료–리와 도레데스까.
甘くない 料理は どれですか。
あま　　　りょう り

같은 것으로 하나 더 주세요.
오나지노데 모–히토츠 쿠다사이.
同じので もう一つ ください。
おな　　　　　ひと

젓가락을 떨어뜨렸어요.
오하시오 오토시마시따.
お箸を 落としました。
はし　お

재떨이 받을 수 있나요?
하이자라 모라에마스까.
灰皿 もらえますか。
はいざら

지금 바로 들어 보기

BUCKET LIST 09

오코노미야끼 몬-자야끼 먹기

📍 오코노미야끼란?

밀가루에 고기, 해산물 등을 넣고 자기 취향(코노미, 好み)대로 구워 먹는 우리 나라의 파전과 비슷한 음식이에요. 그리고 일본의 2대 오코노미야키라고 하면 오사카 식과 히로시마 식이 있다네요.

🥢 히로시마 식

크레이프처럼 얇게 반죽을 구운 후에 양배추, 돼지고기 등을 많이 얹어서 만들어요. 면도 들어가죠.

🥢 오사카 식

반죽에 양배추, 해산물, 돼지고기를 섞어서 구워요.

✪ 토핑은 일본어로 알아 두자!

오코노미야키를 주문할 때 다음의 토핑 정도는 알아 두면 좋겠죠.

부타타마
(豚玉; 돼지고기)

이카타마
(イカ玉; 오징어)

에비타마
(エビ玉; 새우)

믹쿠스타마
(ミックス玉; 모둠)

📍 몬-자야끼는 도쿄의 명물

일본에는 관동지방과 관서지방이 있는데요, 도쿄가 있는 쪽을 관동, 오사카가 있는 쪽을 관서지방이라고 해요. 몬-자야키는 관동지방 도쿄의 명물인 셈이죠. 몬-자야키는 오꼬노미야끼와 재료가 비슷하지만, 만드는 법도 식감도 전혀 다른 음식이에요.

몬-자야끼 만드는 법을 살펴볼까요?
재료를 볶다가 가운데에 공간을 만들어서 거기에 국물을 넣고 걸쭉해질 때까지 기다렸다가 먹어요.

01
철판에 기름을 두르고 재료를 볶는다.

02
익으면 가운데에 공간을 만든다.

03
국물을 넣고 걸쭉해질 때까지 기다린다.

04
식재료를 작게 다지면서 볶는다.

05
얇게 펴서 살짝 더 굽는다.

06
작은 주걱으로 조금씩 먹는다.

⭐ 토핑을 무엇으로 할지 물어온다면?

토핑을 뭘로 할지 물어온다면 자신 있게 다음의 다섯 가지 중 하나를 말해 보세요.

치즈	명란	떡	김치	새우
치-즈	**멘-타이꼬**	**오모치**	**키무치**	**에비**
チーズ	明太子 めんたいこ	お餅 もち	キムチ	エビ

뜨거우니까 조심하세요.
아츠이노데, 오키오 츠케 쿠다사이.
熱いので、お気を つけ ください。

위험하니까 조심하세요.
아부나이노데, 오키오 츠케 쿠다사이.
危ないので、お気を つけ ください。

몬자야끼는 어떻게 만듭니까?
몬－쟈야끼와 도－ 츠꾸리마스까.
もんじゃ焼きは どう 作りますか。

어떻게 가나요?
도－ 이키마스까.
どう 行きますか。

지금바로 들어보기

오래 기다리셨습니다.
오마타세 이타시마시따.
お待たせいたしました。
ま

만드는 방법은 아세요?
츠꾸리카타와 고존ㅡ지데스까.
作り方は ご存知ですか。
つく　かた　　　ぞん じ

마실 것은 어떻게 하시겠습니까?
오노미모노와 이카가 나사이마스까.
お飲み物は いかが なさいますか。
の　　もの

이쪽이 가장 인기입니다.
코치라가 이찌방ㅡ 닝ㅡ끼데스
こちらが 一番 人気です。
いちばん　にん き

철판이 뜨거워져 있으니 조심하세요.
텝ㅡ빵ㅡ가 아츠꾸낫ㅡ떼 오리마스노데, 오키오 츠케 쿠다사이.
鉄板が 熱くなって おりますので お気を つけ ください。
てっぱん　あつ　　　　　　　　　　　　　き

주방에서 익혀 오겠습니다.
쥬ㅡ보ㅡ데 야이떼 오모찌 시마스.
厨房で 焼いて、お持ちします。
ちゅうぼう　や　　　　も

지금바로 들어보기

● 말해야 먹을 수 있다! 👄 🎧 043

구워 주시겠어요?
야이테 모라에마스까.
焼いて もらえますか。
や

굽는 방법을 모르겠어요.
야끼카타가 와까리마셍.
焼き方が わかりません。
や　かた

토핑은 무엇이 어울리나요?
톱-핑-구와 나니가 아이마스까.
トッピングは 何が 合いますか。
　　　　　　なに　あ

이제 먹어도 되나요?
모- 타베테모 이-데스까.
もう 食べても いいですか。
　　た

소스가 모자라요.
소-스가 타리마셍-.
ソースが 足りません。
　　　た

덜어 먹을 그릇 받을 수 있나요?
토리자라 모라에마스까.
取り皿 もらえますか。
と　ざら

지금바로 들어보기

제일 높은 곳
스카이트리

📍 스카이트리（スカイツリー）란?

2012년에 문을 연 도쿄 소재의 전파탑이에요. 높이 634미터로, 세계에서 제일 높은 전파탑이죠. 연간 약 500만 명이 스카이트리를 방문한다고 하네요. 높은 곳에 위치한 전망대를 이용해 보면 어떨까요?

🗼 **천망데크(天望デッキ)**

350미터에는 텐-보-덱-키(天望デッキ; 천
망데크)가 있는데, 도쿄의 풍경을 360도 볼
수 있어요. 요금은 2,100엔.

🗼 **천망회랑(天望回廊)**

450미터에 있는 텐-보-카이로-(天望回廊;
천망회랑)에는 1,030엔을 추가하면 올라갈
수 있는데, 공중 산책 하듯 걸을 수 있어요.

📍 주변 관광지 아사쿠사

스카이트리 근처에 있는 아사쿠
사는 도쿄를 대표하는 관광지예
요. 에도시대(江戸時代; 1603년
~1868년)에 서민들이 모여 살
면서 번영한 동네로, 전통 물품
을 파는 가게나 음식점이 많고 우
리나라의 인사동 같은 분위기예
요. 스카이트리에서 2km 정도 떨
어져 있어요. 걸으면서 도쿄의 전
통 거리를 사진에 담는 재미도 있
고, 돈을 내면 진리키샤(人力車;
인력거)를 타고 거리를 즐길 수도
있어요.

📍 카미나리몽(雷門)과 센소─지(浅草寺)

아사쿠사 입구인 카미나리몽은 관광객들에게 널리 알려진 핫스팟이에요. 카미
나리몽을 지나면 약250미터 가량의 나카미세도─리(仲見世通り)가 펼쳐져요.
맛집과 공예품 가게가 죽 늘어서 있어서 구경하는 눈길이 바빠지지요. 거리가
끝나는 지점에 센소─지(浅草寺)가 있는데, 도쿄에서 가장 큰 사찰이라고 알려
져 있기도 한데요. 이 정보는 잘못된 것이고요. 가장 오래된 사찰이 맞아요.

🏯 카미나리몽─

🏯 나카미세도─리

🏯 센─소─지

EBS BANDI TALK !

🎧 044

기다리는 시간은 어느 정도입니까?
마치지캉-와 도노구라이데스까.
待ち時間は どのぐらいですか。
ま じ かん

정말로 높습니다.
혼-토-니 타까이데스.
ほんとうに 高いです。
たか

높이는 어느 정도입니까?
타카사와 도노구라이데스까.
高さは どのぐらいですか。
たか

길이는 어느 정도입니까?
나가사와 도노구라이데스까.
長さは どのぐらいですか。
なが

매운 정도는 어느 정도입니까?
카라사와 도노구라이데스까.
辛さは どのぐらいですか。
から

붐비네요.
콘-데마스네.
込んでますね。
こ

싸게 해 주세요.
야스꾸 시떼 쿠다사이.
安くして ください。
やす

깎아 주세요.
오마케 시떼 쿠다사이.
おまけ して ください。

지금 바로 들어 보기

🛎 들어야 구경할 수 있다! 👂

이쪽에서 기다려 주세요.
코찌라데 오마찌 쿠다사이.
こちらで お待ち ください。
ま

두 줄로 서 주세요.
니레츠데 오나라비 쿠다사이.
二列で お並び ください。
に れつ　　なら

입장권을 구입해 주세요.
뉴－죠－켕－오 오카이모토메 쿠다사이.
入場券を お買い求め ください。
にゅうじょうけん　　か　もと

위로 갑니다.
우에에 마이리마스.
上へ まいります。
うえ

아래로 갑니다.
시타에 마이리마스.
下へ まいります。
した

지금 매우 혼잡합니다.
타다이마, 타이헹－ 콘－자츠 시떼 오리마스.
只今、大変 混雑して おります。
ただいま　たいへん　こんざつ

대기 시간은 1시간입니다.
마찌지캉－와 이치지칸－데스.
待ち時間は 1時間です。
ま　じ かん　　じ かん

지금 바로 들어보기

🗣 말해야 구경할 수 있다! 😋 🎧 046

여기에 줄 서면 되나요?
코꼬니 나라베바 이―데스까.
ここに 並べば いいですか。
　　　なら

이 줄은 무슨 줄인가요?
코노 레츠와 난―노 레츠데스까.
この列は 何の列ですか。
　　れつ　　なん　れつ

여기가 제일 뒤인가요?
코꼬가 이찌방― 우시로데스까.
ここが 一番 後ろですか。
　　　いちばん　うし

실례합니다. 사진 한 장 부탁 가능할까요?
스미마셍―, 샤싱― 이찌마이 오네가이 데끼마스까.
すみません、写真 1枚 お願い できますか。
　　　　　しゃしん　まい　ねが

이 티켓으로 이용 가능한가요?
코노 치켓―또데 리요― 데끼마스까.
このチケットで 利用 できますか。
　　　　　　り よう

카미나리몽은 이 길이 맞나요?
카미나리몽―와 코노미찌데 앗―떼 이마스까.
雷門は この道で 合って いますか。
かみなりもん　　みち　あ

몇 시쯤이 한가한가요?
난―지고로가 스이떼 이마스까.
何時ごろが 空いて いますか。
なん じ　　　す

지금 바로 들어 보기

BUCKET LIST 11

여름철 여행엔 역시 불꽃 축제

📍 일본의 불꽃놀이는…

유럽이나 우리나라에서는 어떤 일을 기념하거나 축하할 때 불꽃을 쏘아 올리지만, 일본에서는 원래 죽은 이를 저승에 보내거나 추석 때 조상을 맞이하기 위해서 쏘아 올렸다네요. 물론 지금은 대표적인 여름 축제로 자리잡았죠. 우리나라에서는 '불꽃 축제'라고 하고 일본에서는 '하나비 타이카이(花火大会)'라고 해요.

📍 불꽃 축제 하면 유카타

유카타(浴衣)는 우리나라의 생활 한복처럼 간편하게 입을 수 있는 일본 전통 의상이에요. 여관에 묵을 때나 여름 축제 등 입을 기회가 많죠. 요즘에는 유카타를 대여하는 가게도 많으니까 일본 여행 시 유카타를 입고 불꽃 축제에 참가해 보는 것도 좋겠네요.

🗼 유카타에는 부채가 필수 아이템!

유카타를 입을 때는 부채를 들고 다니면 더욱 분위기가 나요. 안 쓸 때는 오비(띠)에 꽂고 다니는 게 예쁘죠. 우치와(うちわ; 접을 수 없는 부채)는 뒤에, 센스(扇子; 접을 수 있는 부채)는 앞에 꽂으면 돼요. 이밖에도 발에 신는 게타(下駄)도 빼놓을 수 없죠.

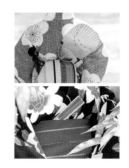

📍 지역별 추천 불꽃 축제

도쿄 ☀ **스미다가와 불꽃 축제**

약 300년의 전통을 자랑하는 불꽃 축제. 실력 있는 장인들이 만든 불꽃을 즐길 수 있어요.

오사카 ☀ **나니와 요도가와 불꽃 축제**

오사카를 대표하는 불꽃 축제. 대형 불꽃을 일제히 쏘아 올리는 화려한 연출로 유명해요.

홋카이도 ☀ **카치마이 불꽃 축제**

일본 내 최고 수준의 불꽃 쇼. 불꽃과 조명, 음악이 어우러져 진행되는 새로운 스타일의 불꽃 축제예요.

후쿠오카 ☀ **치쿠고가와 불꽃 축제**

약 370년의 역사가 있는 불꽃 축제. 규모는 서일본에서 최대급이어서 멀리에서도 관객이 많이 모인대요.

⭐ 불꽃 축제의 또다른 별미

불꽃 축제에서 꼭 등장하는 것이 바로 야타이(屋台; 포장마차)예요. 물건이나 음식을 파는 갖가지 포장마차. 그 중에서 여름 하면 생각나는 카키고-리(かき氷; 빙수) 하나 맛보는 것도 좋겠죠. 우리나라 빙수와는 맛과 모양도 다르답니다.

102

EBS BANDI TALK!

🎧 047

예쁘다!
키레ー
きれい!

예쁘네요.
키레ー데스네.
きれいですね。

굉장해!
스고이.
すごい!

굉장하네요.
스고이데스네.
すごいですね。

덥네요.
아츠이데스네.
あついですね。

여기 비어 있나요?
코꼬 아이떼 이마스까.
ここ 空いて いますか。
　　あ

지금 바로 들어보기

실례하겠습니다.
시츠레-시마스.
失礼します。
しつれい

위험하니까, 물러나 주세요.
아부나이 데스까라, 하나레떼 쿠다사이.
危ないですから、離れて ください。
あぶ　　　　　　　　　はな

여기부터는 출입 금지입니다.
코꼬까라 사키와 타찌이리 킨-시데스.
ここから 先は、立ち入り 禁止です。
さき　　た　い　　きんし

천천히 나아가세요.
육-꾸리 오스스미 쿠다사이.
ゆっくり お進み ください。
すす

여기에 차를 세우면 안 됩니다.
코꼬니 쿠루마오 토메테와 이케마셍-.
ここに 車を 止めては いけません。
くるま　と

빙수는 어떠신가요?
카키고-리와 이까가데스까.
かき氷は いかがですか。
ごおり

앉아 주세요.
스왓-떼 쿠다사이.
座って ください。
すわ

지금 바로 들어 보기

사람이 많네요.

히또가 스고이데스네.

人が すごいですね。
ひと

저기에 좋은 자리가 있네요.

아소꼬니 이-세끼가 아리마스요.

あそこに いい席が ありますよ。
せき

전망이 좋네요.

이- 나가메데스네.

いい眺めですね。
なが

밀지 마세요.

오사나이데 쿠다사이.

押さないで ください。
お

유카타 예쁘네요.

유카타 키레-데스네.

浴衣、きれいですね。
ゆかた

빙수 한 개 주세요.

카키고-리 히토츠 쿠다사이.

かき氷、一つ ください。
ごおり　ひと

앉아 주시겠어요?

스왓-떼 이타다케마셍-까.

座って いただけませんか。
すわ

지금바로 들어보기

신칸센(新幹線) 타 볼까?

신칸센(新幹線)이란?

신칸센은 우리나라의 KTX 같은 고속철도예요. 최고 시속 320km 에, 도쿄에서 오사카를 2시간 30 분에 주파한다네요.

⭐ 세 가지 신칸센(新幹線)

신칸센은 속도에 따라 옆 표처럼 구분돼요. 시간이나 요금 등의 정보를 알아볼까요? 예를 들면 도쿄에서 신오사카까지 노선을 세 가지 신칸센으로 구분하면 다음과 같아요.

구분	멈추는 역	소요 시간	요금
코다마(こだま; 메아리)	모든 역(16개)	약 4시간	기본 요금 (8,750엔) + 특급 요금 (차등 적용)
히카리(ひかり; 빛)	6~7개	약 3시간	
노조미(のぞみ; 희망)	2~4개	약 2시간 반	

※ 정차하는 역이 각각 다르므로, 목적지에 따라 신칸센을 구분해서 타야 해요.

📍 열차 여행엔 역시 에키벵—

에키벵—(駅弁)은 역에서 파는 도시락을 가리키는 말이에요. 지역마다 그 지방의 특산물을 재료로 하는 것이 특징이죠.

종류도 다양해서 고르는 재미가 쏠쏠해요. 유명한 에키벵— 몇 개만 알아볼까요?

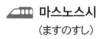
🚄 마스노스시
(ますのすし)

도쿄, 도야마 등의 역에서 인기가 있어요. 송어과의 생선으로 만든 초밥이에요.

🚄 에비센—료—치라시
(えび千両ちらし)

도쿄, 니가타 등의 역에서 인기 톱! 계란말이 밑에 다양한 재료의 음식이 들어 있어요.

🚄 슈—마이 벤—토—
(シウマイ弁当)

도쿄, 요코하마 등의 역에서 인가 있어요. 돼지고기를 반죽에 싸서 찐 맛이 일품이에요.

📍 신칸센 좌석도 세 가지

표를 구입할 때는 지정석, 자유석, 그린석 세 가지가 있으니 주의해요.

🚄 **시떼-세키**(指定席; 지정석)

지정석은 말 그대로 자리가 지정되어 있는 좌석이에요.

🚄 **지유-세키**(自由席; 자유석)

비어 있는 자리에 자유롭게 앉을 수 있어요. 단, 빈자리가 없을 경우도 있죠.

🚄 **구린-세키**(グリーン席; 그린석)

가격이 비싸요. 물론 비싼 만큼 자리가 넓고 서비스가 좋아요.

Tips

신칸센 특급 요금?

신칸센을 탈 때 승차료는 같아요. 그런데 좌석에 따라 특급 요금(特急料金)이라는 것이 붙어요. 특급 요금도 잘 확인하고 이용하세요.

신칸센 티켓

교토까지 왕복으로 부탁합니다.
쿄-토마데 오-후꾸데 오네가이시마스.
京都まで 往復で お願いします。
きょう と　　おうふく　　ねが

오사카까지 왕복으로 부탁드립니다.
오-사카마데 오-후꾸데 오네가이시마스.
大阪まで 往復で お願いします。
おおさか　　おうふく　　ねが

히로시마까지 편도로 부탁드립니다.
히로시마마데 카타미찌데 오네가이시마스.
広島まで 片道で お願いします。
ひろしま　　かたみち　　ねが

시간 변경 가능합니까?
지캉- 헹-꼬- 데끼마스까.
時間 変更できますか。
じ かん　へんこう

다음 열차로 변경 가능합니까?
츠기노 렛-샤니 헹-꼬- 데끼마스까.
次の列車に 変更できますか。
つぎ　れっしゃ　　へんこう

날짜 변경 가능합니까?
히니찌 헹-꼬- 데끼마스까.
日にち 変更できますか。
ひ　　　へんこう

그린 석으로 변경 가능합니까?
구린-세끼니 헹-꼬- 데끼마스까.
グリーン席に 変更できますか。
せき　　へんこう

지금바로 들어보기

10시 20분은 만석입니다.

쥬–지 니줍–뿐와 만–세끼데 고자이마스.

10時20分は 満席で ございます。
じ　ぶん　　まんせき

회원 카드 가지고 계신가요?

카이잉– 카–도 오모찌데스까.

会員カード お持ちですか。
かいいん　　　も

승차권 부탁드립니다.

죠–샤켕–오 오네가이시마스.

乗車券を お願いします。
じょうしゃけん　　ねが

승차권 확인하러 왔습니다.

죠–샤켄–노 카꾸닌–니 마이리마시따.

乗車券の 確認に 参りました。
じょうしゃけん　　かくにん　　まい

특급권은 가지고 계십니까?

톡–큐–켕–와 오모찌데스까.

特急券は お持ちですか。
とっきゅうけん　　も

잊으시는 물건 없도록 주의하십시오.

오와스레모노 나이요–니 고츄–이 쿠다사이.

お忘れ物ないように ご注意 ください。
わす　もの　　　　　　ちゅうい

곧 도쿄 역입니다.

마모나쿠 토–쿄–에끼데스.

間もなく 東京駅です。
ま　　　　とうきょうえき

도시락은 어떠세요?

오벤–또–와 이카가데스까.

お弁当は いかがですか。
べんとう

지금 바로 들어 보기

● 말해야 탈 수 있다! 🗣️　🎧 052

10시 20분 출발로 부탁해요.

쥬-지 니쥽-뿐- 슛-빠츠데 오네가이시마스.

10時20分 出発で お願いします。
　じ　ぶん　しゅっぱつ　　ねが

오사카 행 열차는 몇 번 홈이죠?

오-사카유끼노 렛-샤와 남-방-호-무데스까.

大阪行きの列車は 何番ホームですか。
　おおさか ゆ　　れっしゃ　　なんばん

차를 놓쳤어요.

노리오쿠레마시따.

乗り遅れました。
　の　おく

표를 잃어버렸어요.

킵-뿌오 나쿠시마시따.

切符を 無くしました。
　きっ ぷ　な

어른 두 명, 어린이 한 명이요.

오토나 후타리, 코도모 히토리데스.

大人2人、子供1人です。
　おとな ふたり　こ どもひとり

학생 할인 되나요?

가꾸와리 키끼마스까.

学割 ききますか。
　がくわり

창가 쪽 자리로 부탁해요.

마도가와노 세끼데 오네가이시마스.

窓側の席で お願いします。
　まどがわ　せき　　ねが

통로 쪽 자리로 부탁해요.

츠-로가와노 세끼데 오네가이시마스.

通路側の席で お願いします。
　つう ろ がわ　せき　　ねが

지금바로 들어보기

일본식 패스트푸드 (ファーストフード)

패스트푸드의 대명사 햄버거

패스트푸드 하면 역시 햄버거죠. 햄버거에 들어가는 재료를 일본어로 알아볼까요?

빵
팡-
パン

양상추
레타스
レタス

토마토
토마토
トマト

치즈
치-즈
チーズ

양파
타마네기
たまねぎ

피클
피쿠르스
ピクルス

패티
파티
パティ

케첩
케챱-푸
ケチャップ

📍 일본식 패스트푸드?

그럼, 일본식 패스트푸드는 뭐가 있을까요? 그 대표적인 것으로 다음 네 가지를 들 수 있어요. 프랜차이즈화된 것도 많고 매장도 쉽게 찾을 수가 있으며, 가격도 저렴하고 24시간 영업하는 곳도 있어요.

🍜 규—동—(牛丼; 소고기 덮밥)

학생은 물론 바쁜 직장인도 많이 이용해요. 300엔 정도 하는 저렴한 것도 있고, 포장도 가능하죠.

🍜 우동—(うどん)

일본을 대표하는 패스트푸드 중 하나죠. 여름에는 차갑게, 겨울에는 따뜻하게 1년 내내 맛있게 먹을 수 있어요.

🍜 소바(そば; 메밀 국수)

소바는 보통 역에 많아요. 우동과 함께 다양한 토핑을 더해 먹을 수 있어요.

🍜 카레—(カレー; 카레)

가게마다 맛도 종류도 다양해요. 들어가는 재료에 따라 식감도 달라지죠.

✪ 스테이크도 패스트푸드?

일본에는 타치구이(立ち食い; 서서 먹기)라
는 문화가 있어요. 좁은 가게에도 많은 사람
이 들어갈 수 있고 다 먹고 나서는 바로 새로
운 손님을 받을 수 있어, 술집이나 스시집까
지 이 시스템으로 운영하는 데가 많아요.

그런데 요즘은 스테이크 집에서도 타치구이
방식을 도입하는 곳이 생겼어요. 손님 입장에
서는 좋은 고기를 저렴하게 먹을 수 있다는
장점이 있죠. 손님이 주문하면 눈앞에서 썰어
구워 주니 보는 맛도 일품이에요.

✪ 걸으면서 즐기는 패스트푸드?

패스트푸드처럼 주문하면 바로 나오고,
또 걸으면서 먹을 수 있는 음식이라면
크레-프(クレープ; 크레이프)죠. 밀가루
반죽을 얇게 구워서 여러 가지 재료를
싸서 먹는 요리로 프랑스에서 처음으로
만들었대요. 안에 과일이나 생크림, 아
이스크림 등 단 것을 넣은 것은 일본에
서 시작되었다네요. 맛도 좋고 보기도
예쁘고 들고 먹기도 편하기 때문에 단
것을 좋아하는 사람은 꼭 드셔 보세요.

피클은 넣지 말아 주세요.
피쿠르스와 이레나이데 쿠다사이.
ピクルスは 入れないで ください。

양파는 넣지 말아 주세요.
타마네기와 이레나이데 쿠다사이.
たまねぎは 入れないで ください。

얼음은 넣지 말아 주세요.
코―리와 이레나이데 쿠다사이.
氷は 入れないで ください。

피클 조금 더 많이 부탁해요.
피쿠루스 오―메데 오네가이시마스.
ピクルス 多めで お願いします。

새우 버거랑 콜라 주세요.
에비바―가―또 코―라 쿠다사이.
えびバーガーと コーラ ください。

매장에서 드십니까?
텐―나이데 오메시아가리데스까.
店内で お召し上がりですか。

가져가십니까?(포장해 가시나요?)
오모찌카에리데스까.
お持ち帰りですか。

여기에서 먹을 거예요. / 가져 갈 거예요.
코꼬데 타베마스. / 모찌카에리데….
ここで 食べます。 / 持ち帰りで…。

지금바로 들어보기

주문하시겠어요?
고츄-몽 우카가이마스.
ご注文 伺います。
ちゅうもん　うかが

이상으로 괜찮으십니까?(주문 다 하신 거죠?)
이죠-데 요로시-데스까.
以上で よろしいですか。
い じょう

2층에도 자리가 있습니다.
니까이니모 오세끼가 고자이마스.
2階にも お席が ございます。
かい　　　せき

사이드 메뉴는 어떻게 하시겠어요?
사이도메뉴-와 이카가 나사이마스까.
サイドメニューは いかがなさいますか。

젓가락은 몇 개 넣어 드릴까요?
오하시와 난-젠- 오이레 시마스까.
お箸は 何膳 お入れ しますか。
はし　なんぜん　い

테이크아웃하실 분은 이쪽 계산대를 이용해 주세요.
오모찌카에리노 카타와 코찌라노 레지오 고리요- 쿠다사이.
お持ち帰りの方は、こちらのレジを ご利用 ください。
も　かえ　かた　　　　　　　　　り よう

이 번호표를 가지고 기다려 주세요.
코찌라노 방-고-후다오 못-떼, 오마찌 쿠다사이.
こちらの番号札を 持って、お待ち ください。
ばんごうふだ　も　　　　ま

3번 손님. 쿠폰은 가지고 계세요?
삼-반-노 오캬꾸사마. 쿠-퐁-와 오모찌데스까.
3番のお客様。クーポンは お持ちですか。
ばん　きゃくさま　　　　　　も

지금 바로 들어보기

빅맥 한 개 부탁해요.
빅–꾸막–꾸 히토츠 오네가이 시마스.
ビックマック 一つ お願いします。
ひと　　ねが

세트로 부탁해요.
셋–토데 오네가이 시마스.
セットで お願いします。
ねが

라지 사이즈로 부탁해요.
에루데 오네가이 시마스.
Lで お願いします。
ねが

콜라는 리필되나요?
코–라와 오카와리 데끼마스까.
コーラは おかわり できますか。

죄송합니다. 콜라를 엎질러버렸는데요….
스미마셍–. 코–라오 코보시테 시맛–따노데스가….
すみません。コーラを こぼして しまったのですが…。

얼음은 넣지 말아 주세요.
코–리와 이레나이데 쿠다사이.
氷は 入れないで ください。
こおり　い

콜라를 커피로 바꿀 수 있나요?
코–라오 코–히–니 카에라레마스까.
コーラを コーヒーに 替えられますか。
か

네, 괜찮아요.
하이, 다이죠–부데스.
はい、大丈夫です。
だいじょう ぶ

지금 바로 들어보기

약국에서 생활용품도?
드러그 스토어

📍 드러그 스토어

일본어로 발음하면 도락-구 스토아(ドラ
ッグストア)라고 해요. 약국이란 뜻이죠.
약국이라면 우리나라에서는 약만 파는데
요, 일본의 도락-구 스토아에서는 화장품
이나 과자, 생활용품도 함께 파는 곳이 있
어요. 생활에 필요한 물건을 한꺼번에 구
입할 수 있어서 많이 이용하죠.

약국
도락-구 스토아
ドラッグストア

쿠스리(薬; 약)를 비롯한 다양한 상품들

118

📍 유명 점포 TOP3

다음은 일본에서 점포 수가 많은 드락-구 스토아예요. 저렴한 생활용품을 선물로 구매해 보고 싶다면 한 번 들러 볼 만하겠죠?

✂️ 츠루하 (ツルハ)

1,760여 점포를 보유하고 있으며 매입가를 낮춤으로써 소비가를 저렴하게 유지하는 전략을 펼침.

✂️ 마츠모토키요시
(マツモトキヨシ)

전국에 1,560여 점포를 보유하고 있으며, 관동 지역에서 우세를 점하고 있다.

✂️ 우에루시아(ウエルシア)

1,540여 점포를 보유한 업계 3위의 드락-구 스토아.

⭐ 면세로도 구매 가능

외국인 관광객들은 일본 국내에서 구매한 상품을 사용하지 않는다는 조건으로 면세(소비세 8%)로 상품을 구매할 수 있어요. 면세로 구매하고 싶다면 여권을 제시하고 점포의 전용 카운터에서 신청하면 되죠. 구매하면 전용 봉투에 상품을 넣어주는데, 한국에 도착할 때까지 개봉하면 안 돼요. 개봉을 안 한다면 물건을 확인할 수 없겠죠. 즉 환불이 불가능하다는 뜻이에요. 그래서 주의가 필요하겠네요.

📍 인기 상품은?

인기 있는 상품으로는 파스가 있어요. 일본은 파스 제품이 효과가 좋다는 입소문이 있어서 많이 구매하는 편이에요. 그 밖에도 연고, 화장품 등이 외국인에게 인기가 있다네요.

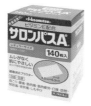

❌ 파스

일본은 파스 제품이 인기가 있답니다. 파스는 일본어로 십—뿌(湿布)라고 해요.

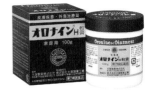

❌ 연고

상처가 나거나 짓무르거나 하는 데에 바르는 난—코—(軟膏; 연고)도 인기가 있어요.

❌ 화장품

백화점에만 좋은 케쇼—힝—(化粧品; 화장품)이 있는 건 아니죠. 일본의 약국에도 인기를 모으는 화장품이 있어요.

❌ 과자

여행을 가면 흔히들 오카시(お菓子; 과자)는 편의점에서 사게 되는데, 드락—구 스토아가 훨씬 싸다는 꿀팁!

 Tips

빠르고 효율적인 쇼핑 비결은?

관광지나 도심부에 있는 드락—구 스토아는 넓은 데다 진열된 상품도 많아요. 매장 안에서 사고 싶은 것을 찾으려면 시간이 많이 걸리죠. 그래서 일본에 가기 전에 미리 인터넷에서 찾아보고 사진을 캡처해 직원에게 보여 주면 바로 찾아 줘요. 요즘에는 한국인 점원을 고용한 가게도 꽤 있다네요.

이거 한 개밖에 없나요?
코레 히토츠시까 나이데스까.
これ ひとつしか ないですか。

조금 더 큰 사이즈는 없나요?
모-스꼬시 오-끼-사이즈와 나이데스까.
もう少し 大きいサイズは ないですか。

조금 더 작은 사이즈는 없나요?
모-스꼬시 치-사이사이즈와 나이데스까.
もう少し 小さいサイズは ないですか。

어깨 결림에 효과가 있나요?
카타코리니 키끼마스까.
肩こりに 効きますか。

두통에 효과가 있나요?
즈츠-니 키끼마스까.
頭痛に 効きますか。

소화불량에 효과가 있나요?
이모타레니 키끼마스까.
胃もたれに 効きますか。

기미에 효과가 있나요?
시미니 키끼마스까.
しみに 効きますか。

여드름에 효과가 있나요?
니끼비니 키끼마스까.
にきびに 効きますか。

지금 바로 들어보기

한 분에 3개까지 한정입니다.

오히토리사마 산뗑ー카기리데스.

お一人様 3点限りです。

죄송합니다. 품절입니다.

모ー시와케 고자이마셍ー. 우리키레데 고자이마스.

申し訳ございません。売り切れでございます。

이것은 어떠신지요?

코레와 이카가데스까.

これは いかがですか。

면세인 분은 이쪽으로 줄 서 주세요.

멘ー제ー노 오캬꾸사마와 코찌라니 오나라비 쿠다사이.

免税のお客様は こちらに お並び ください。

귀국하실 때까지 개봉하지 말아 주세요.

키꼬꾸 사레루마데, 카이후ー 시나이데 쿠다사이.

帰国されるまで、開封しないで ください。

찾으시는 상품이 있으면 물어봐 주세요.

오사가시노 쇼ー힝ー가 아리마시따라, 오키끼 쿠다사이.

お探しの商品が ありましたら、お聞き ください。

화장품 매장은 2층입니다.

케쇼ー힝ー 우리바와 니카이데 고자이마스.

化粧品売り場は 2階でございます。

지금바로 들어 보기

면세 되나요?

멘-제- 데끼마스까.

免税できますか。
めんぜい

(포장, 계산 등을) 따로따로 해 주세요.

베츠베츠니 시떼 쿠다사이.

別々に して ください。
べつべつ

계산이 틀리네요.

케-상-가 마찌갓-떼 이마스.

計算が **間違**って います。
けいさん　　　ま ちが

선물용으로 포장해 주세요.

프레젠-토요-데 호-소-시떼 쿠다사이.

プレゼント**用**で **包装**して ください
よう　　　　ほうそう

이것은 어린이용인가요?

코레와 코도모요-데스까.

これは **子供用**ですか。
こ どもよう

(스마트폰을 보면서) 이것을 찾고 있는데요….

코레오 사가시떼 이루노데스가….

これを **探**して いるのですが・・・。
さが

바구니는 어디에 있나요?

카고와 도꼬니 아리마스까.

かごは どこに ありますか。

지금바로 들어보기

잠깐 쉬고 싶을 땐 카페

📍 프랜차이즈 카페

여행이란 발품을 팔아야 제값을 하죠. 보고 걷기를 하다 보면 어느 순간 다리에 힘이 풀려요. 그럴 땐 식사보다 한 잔의 커피나 차 생각에 카페를 찾게 되는데요, 일본의 프랜차이즈 카페 어떤 곳이 유명할까요? 일본에서 가장 많은 매장을 갖고 있는 건 역시 스타벅스(スターバックス 스타-박쿠스)예요. 그럼 다른 카페는요?

☕ 코메다 커피점(コメダ珈琲店)

전국에 약 800개 매장이 있고, 커피 외에도 빵 위에 소프트 크림을 올린 시로노와ー르(シロノワール)가 유명해요.

시로노와ー르
シロノワール

☕ 도토ー루(ドトール)

맛있는 커피를 저렴하게 마실 수 있는 카페로 유명해요. 매장도 스타벅스 다음으로 많아 전국에 약 1,150개나 된대요. 맛있는 커피는 물론, 차(ティー; 티ー)를 비롯한 주스(ジュース; 쥬ース)가 있고, 사이드 메뉴인 밀라노 샌드(ミラノサンド; 미라노산ー도), 토스트(トースト; 토ー스토) 등도 유명해요.

밀라도 샌드
ミラノサンド

☕ 타ー리즈코ー히ー (タリーズコーヒー)

이 커피숍에는 'One More Coffee!'라는 독특한 서비스가 있어요. 오늘의 커피(本日のコーヒー), 아이스 커피(アイスコーヒー), 콜드브루(水出しアイスコーヒー)를 마신 뒤, 구매한 매장에서 그 날 안에 영수증과 150엔만 내면 한 잔 더 마실 수 있어요. 50엔을 더 내면 사이즈업도 가능하죠.

✪ 캔 커피의 천국 일본

일본은 카페에서 커피를 마시는 사람도 많지만 캔 커피를 즐기는 사람도 아주 많아요. 매출 규모도 엄청나고 그만큼 경쟁도 치열해서 광고도 많이 해요. 티비에 유명 연예인까지 섭외한 캔 커피 CF가 많이 나오는 것은 일본도 우리와 비슷하답니다.

캔 커피
캉-코-히-
缶コーヒー

Tips

커피(コーヒー; 코-히-)를 주문할 땐 이런 말들이 도움이 되겠네요.

- 우유(牛乳; 규-뉴-)가 듬뿍 들어간 카페라테(カフェラテ; 카훼라테)
- 따뜻한 커피(ホット; 홋또), 아이스 커피(アイス; 아이스)
- 작은 사이즈(S사이즈; 에스사이즈), 중간 사이즈(M사이즈; 에무사이즈)

📍 이색 체험형 카페

기회가 된다면 커피를 마시면서 이것저것 체험할 수 있는 체험형 카페에도 들러보는 건 어떨까요?

절 카페(寺カフェ)
템플스테이처럼 불교에 대해서 알 수 있는 카페. 식사 메뉴도 절 요리라네요.

🗨 족욕 카페(足湯カフェ)
커피를 마시면서 족욕이나 마사지를 받을 수 있는 카페.

🗨 문방구 카페(文房具カフェ)
특이한 문방구들이 많아, 실제로 사용해 보고 구매할 수도 있어요.

🗨 급식 카페(給食カフェ)
급식을 먹을 수 있는 카페. 카페 인테리어도 학교 교실 같아요.

🗨 부엉이 카페(フクロウカフェ)
부엉이와 함께 커피를 마실 수 있는 카페. 먹이를 주거나 촬영 체험을 할 수 있어요.

🗨 미싱 카페(ミシンカフェ)
가정용, 전문가용 등 여러 종류의 미싱이 있고 시간제로 사용할 수 있는 카페.

EBS BANDI TALK!

카페라테 주세요.
카훼라테 쿠다사이.
カフェラテ ください。

카페라테 부탁드립니다.
카훼라테 오네가이시마스.
カフェラテ お願いします。
　　　　　　 ねが

따뜻한 커피랑 아이스 커피랑 어떻게 하실 겁니까?
홋-토또 아이스또 이카가 나사이마스까.
ホットと アイスと いかが なさいますか。

따뜻한 것으로요.
홋-토데.
ホットで。

아이스로요.
아이스데.
アイスで。

사이즈는 어떻게 하실 겁니까?
사이즈와 이카가 나사이마스까.
サイズは いかが なさいますか。

작은 사이즈로요.
에스사이즈데.
S サイズで。

중간 사이즈로요.
에무사이즈데.
M サイズで。

금연석과 흡연석 어느 쪽으로 하실 겁니까?
킹-엔-세끼또 키츠엔-세끼또 도찌라니 나사이마스까.
禁煙席と 喫煙席と どちらに なさいますか。
きんえんせき　　きつえんせき

금연석으로.
킹-엔-세끼데.
禁煙席で。
きんえんせき

흡연석으로.
키츠엔-세끼데.
喫煙席で。
きつえんせき

카페 모카랑 치즈 케이크 부탁드립니다.
카훼모카또 치-즈케-키 오네가이시마스.
カフェモカと チーズケーキ お願いします。
　　　　　　　　　　　　　　　ねが

오래 기다리셨습니다.
오마타세 이타시마시따.
お待たせ いたしました。
　ま

지금 바로 들어보기

주문 정하셨어요?

고츄−몽− 오키마리데스까.

ご注文、お決まりですか。
　ちゅうもん　　き

자리에서 기다려 주세요.

오세끼데 오마찌쿠다사이.

お席で、お待ち ください。
せき　　　　ま

다 만들어지면 불러 드리겠습니다.

데끼아가리마시타라, 오요비 이따시마스.

できあがりましたら、お呼び いたします。
　　　　　　　　　　　　よ

시간이 조금 걸리는데 괜찮으세요?

오지캉− 쇼−쇼− 카캇−떼 시마이마스가, 요로시−데스까.

お時間 少々 かかって しまいますが、よろしいですか。
じ かん しょうしょう

함께 내어 드릴까요?

잇−쇼니 오다시 시마쇼−까.

一緒に お出し しましょうか。
いっしょ　　だ

빵은 데울까요?

팡−와 아타타메마스까.

パンは 温めますか。
　　　あたた

지금바로 들어 보기

130

말해야 주문할 수 있다! 😮 🎧061

샷 추가 부탁해요.
아도숏-또 오네가이시마스.
アドショット お願いします。
　　　　　　ねが

제일 작은 사이즈로 부탁해요.
이찌방- 치-사이 사이즈데 오네가이시마스.
一番 小さいサイズで お願いします。
いちばん ちい　　　　　　　　ねが

이 의자 사용해도 되나요?
코노 이스 츠깟-떼모 이-데스까.
この椅子、使っても いいですか。
　　い す つか

어린이용 의자는 있나요?
코도모요-노 이스와 아리마스까.
子ども用の椅子は ありますか。
こ　　よう　い す

이 근처에 카페는 없나요?
코노 치까꾸니 카훼와 아리마셍-까.
この近くに カフェは ありませんか。
　　ちか

가벼운 식사 메뉴도 있나요?
케-쇼꾸 메뉴-모 아리마스까.
軽食メニューも ありますか。
けいしょく

지금 바로 들어 보기

BUCKET LIST 16

운전에 도전!
렌터카

이럴 땐 렌터카

우리나라 제주도를 여행하려면 버스보다는 렌터카(レンタカー; 렌-타카-)를 이용하는 것이 좋죠. 일본도 대중교통보다 렌터카를 이용하는 것이 더 편한 관광지가 있어요. 고즈넉한 온천 마을이 있는 구마모토(熊本), 이동 시간이 긴 홋카이도(北海道), 그리고 오키나와(沖縄)가 대표적이에요.

오키나와 해변 드라이브

📍 일본에서 렌터카를 이용하려면?

일본에서 차를 운전하기 위해서는 국제 면허증(国際免許証; 콕-사이멩-쿄쇼-)이 필요해요. 그리고 차를 빌릴 때는 여권(パスポート; 파스포-토)도 필요하죠. 국제 면허증은 전국 운전면허 시험장 및 경찰서에서 발급받을 수 있는데요, 경찰서의 경우는 발급하지 않는 곳도 있으니, 미리 확인하고 가는 것이 좋아요. 필요한 것은 여권, 운전 면허증, 여권용 사진이에요.

✪ 일본에서 운전할 때 주의할 점

일본은 차선이 우리나라와 반대예요. 즉 왼쪽 차로를 달리게 되는 셈이죠. 따라서 운전석도 우리와는 반대쪽에 있어요.

그래서 우회전, 좌회전 할 때 처음에는 익숙하지 않아 당황하는 경우도 있다고 해요. 신호등도 조금 차이가 있어요. 적색 등과 청색 등의 위치도 다르지만, 적색 등이 켜져 있을 때는 무조건 정지해야 해요. 우리나라처럼 우회전하거나 유턴을 할 수가 없어요.

한편 신호등이 없어도 안전이 확보된 경우에는 주행 중 반대 차선 골목으로 좌회전이 가능하고, 따로 금지 표시가 없으면 어디서든 유턴이 가능해요. 단, 중앙 차선이 노란색인 경우에는 안 돼요. 마지막으로 우리로 치면 고속도로의 하이패스카드는 일본에서 이-티-시-카-도(ETCカード)라고 해요.

이-티-시-카-도(ETCカード)

일본 신호등

우리나라 신호등

후지산이 위로 보이는 드라이브 코스

⭐ 엄청 비싼 범칙금

일본은 우리보다 교통 법규를 어겼을 때의 과태료 기준이 엄격해요. 아래 표를 참고하세요.

한편, 음주 운전은 제일 엄격하고 무거운 처벌이 따라요. 면허 정지는 물론 100만 엔 이하의 벌금을 물어야 하죠. 동승자 또한 벌을 면치 못하니 조심하세요. 그런데 운전하다 연료가 떨어지면 어디로 가죠? 바로 가소린− 스탄−도(ガソリンスタンド; 주유소)로 가면 되겠네요.

과태료

고속 도로	35~40km/h 초과	35,000엔
	30~35km/h 초과	25,000엔
	25~30km/h 초과	18,000엔
	20~25km/h 초과	15,000엔
	15~20km/h 초과	12,000엔
	15km/h 이하 초과	9,000엔
주차, 정차 금지 장소		20,000엔
주차 금지 장소		17,000엔

가소린− 스탄−도 (ガソリンスタンド)

차일드 시트를 빌릴 수 있나요?
차이루도 시-토 카리라레마스까.
チャイルドシート 借りられますか。

ETC카드도 필요합니다.
이-티-시-카-도모 히츠요-데스.
ETCカードも 必要です。

ETC카드도 이용하겠습니다.
이-티-시-카-도모 리요-시마스.
ETCカードも 利用します。

차 시동은 어떻게 켭니까?
엔-징-와 도- 카케마스까.
エンジンは どう かけますか。

국제 면허증과 여권이 필요합니다.
콕-사이 멩-쿄쇼-또 파스포-토가 히츠요-데스.
国際免許証と パスポートが 必要です。

안심할 수 있습니다.
안-신- 데끼마스.
安心できます。

차는 공항에서 반납하고 싶습니다.
쿠루마와 쿠-코-데 헹-캬꾸 시타이데스.
車は 空港で 返却 したいです。

기름을 넣어서 반납 부탁드립니다.
가소링-오 이레떼 헹-캬꾸 오네가이시마스.
ガソリンを 入れて 返却 お願いします。

지금바로 들어보기

들어야 제대로 렌트한다! 🎧 063

예약하신 성함은요?
고요야꾸노 오나마에와?
ご予約の お名前は?
よやく　　　なまえ

면허증과 여권을 부탁드립니다.
멩-쿄쇼-또 파스포-토오 오네가이 이타시마스.
免許証と パスポートを お願いいたします。
めんきょしょう　　　　　　ねが

복사하겠습니다.
코피-오 토라세떼 이따다끼마스.
コピーを とらせていただきます。

흠집이 없는지 확인 부탁드립니다.
키즈가 나이까, 고카꾸닝- 오네가이 이따시마스.
傷がないか、ご確認 お願いいたします。
きず　　　　　　かくにん　ねが

오늘부터 이틀 동안 이용하시는 거 맞죠?
쿄-까라 후츠카깐-노 고리요-데, 오마찌가이 아리마셍-까.
今日から 二日間のご利用で、お間違い ありませんか。
きょう　　　ふつか かん　　り よう　　　　まちが

운전 중, 무슨 일이라도 생기시면 이쪽으로 연락 부탁드립니다.
운-텐-츄- 나니까 아리마시따라 코찌라마데 고렌-라꾸 쿠다사이.
運転中、何か ありましたら こちらまで ご連絡 ください。
うんてんちゅう　なに　　　　　　　　　　　　　　　れんらく

희망하시는 차량은 있나요?
고키보-노 샤슈와 고자이마스까.
ご希望の 車種は ございますか。
きぼう　　しゃしゅ

지금 바로 들어 보기

주유소는 어디에 있나요?
가소린-스탄-도와 도꼬니 아리마스까.
ガソリンスタンドは どこに ありますか。

예약한 이대한입니다.
요야꾸시타 이대한데스.
予約した イデハンです。
よ やく

트렁크가 너무 작네요.
토랑-쿠가 치-사 스기마스네.
トランクが 小さすぎますね。
ちい

다른 차량은 없나요?
호까노 샤료-와 아리마셍-까.
他の車両は ありませんか。
ほか　　　しゃりょう

네비게이션은 달려 있나요?
카-나비와 츠이떼 이마스까.
カーナビは ついて いますか。

몇 인승인가요?
난-닌- 노리데스까.
何人 乗りですか。
なんにん　の

차일드 시트가 있나요?
챠이루도시-토와 아리마스까.
チャイルドシートは ありますか。

지금 바로 들어보기

기름진 걸 원한다면 야끼니꾸

📍 야끼니꾸란?

속 든든하게 고기를 먹고 싶다면 야끼니꾸 집을 찾아가 봐요. 우리의 고기 구이와 비슷하지만, 고기의 다양한 부위를 조금씩 주문할 수 있는 것과 굽기 전에 이미 한입 크기로 잘려 나오는 점이 우리나라와 달라요.

🥩 일본에서 유명한 고기 요리는?

먼저 홋카이도의 징-기스칸-(ジンギスカ
ン)을 들 수 있겠네요. 재료는 양고기(ラム
肉; 라무니쿠)예요. 불판에 구워 채소를 곁
들여 먹는 맛이 일품이에요.

야끼니꾸는 오사카가 유명한데요, 주문할
때 맨 아래에 있는 고기 이름과 도구를 알아
두면 도움이 되겠네요.

징기스칸(ジンギスカン)

🥩 맘껏 먹고 마시고 싶다면?

고기나 음료 또는 술을 양껏 먹고 싶다면 무
제한 리필 집을 찾아가야겠죠. 이처럼 무
제한으로 먹고 마시는 것을 타베호-다이
(食べ放題; 무제한 먹기), 노미호-다이(飲み
放題; 무제한 마시기)라고 해요.

🥩 야키니쿠는 탄시오부터 시작!

우선 야끼니꾸 집에 가면 100% 메뉴에 있고
인기도 많은 부위가 탄시오(タン塩; 우설 소
금구이)예요. 소의 혀를 구워서 소금을 뿌린
후에 레몬즙을 살짝 찍어 먹죠. 기름지지도
않고 상큼하기 때문에 대부분 일본 사람은 탄
시오를 제일 먼저 주문해요.

⭐ 주문할 땐 이런 말

고기	양고기	소고기	돼지고기
니꾸	**라무니꾸**	**규-니꾸**	**부타니꾸**
肉 にく	ラム肉 にく	牛肉 ぎゅうにく	豚肉 ぶたにく

철판	석쇠	갈비
텝-빤- / 푸레-토	**아미**	**카루비**
鉄板 / プレート(plate) てっぱん	網 あみ	カルビ

> **Tips**
>
> **다음과 같은 이름도
> 알아 두어요.**
> - - - - - - - - - - - - - - - - - - -
> - **하라미**(ハラミ) : 안창살.
> - **호르몬-**(ホルモン) : 대창이
>   나 막창 같은 내장 부분
> - **로-스**(ロース) : 안심
> - **레바-**(レバー) : 간

🍖 혼자 여행 가도 고기는 먹는다

우리나라에서는 고깃집에 혼자 가기가 쉽지 않죠. 그러나 일본에서는 누구나 혼자서 야끼니꾸를 먹을 수 있도록 1인 고기집이 많아요. 그러니 혼자 간 여행이라도 야끼니꾸를 즐기실 수 있는 거죠.

🍖 서서 스테이크

일본에서는 서서 먹는 스테이크 집도 많아요. 부위 별로 그램당 가격이 정해져 있는 고기를 손님이 직접 고르죠. 저렴하게 그리고 가벼운 마음으로 스테이크를 즐길 수 있어서 직장인 점심식사로도 인기가 좋다네요.

⭐ 일본에 있는 한국 메뉴

일본에서도 야끼니꾸 집에 가면 김치를 비롯한 한국 메뉴가 많아요. 가타카나를 읽을 수 있다면 한 번 맞춰 보세요.

김치
키무치
キムチ

삼겹살
사무교푸사루
サムギョプサル

오이김치
오이키무치
オイキムチ

비빔밥
비빔-바
ビビンバ

깍두기
카쿠테키
カクテキ

국밥
쿱-파
クッパ

갈비
카루비
カルビ

상추
상-츄
サンチュ

● EBS BANDI TALK!

죄송하지만 석쇠를 바꿔 주세요.

스미마셍-가, 아미오 카에테 쿠다사이.

すみませんが、あみを 替えて ください。
　　　　　　　　　　　　か

죄송하지만, 잔을 바꿔 주세요.

스미마셍-가, 구라스오 카에테 쿠다사이.

すみませんが、グラスを 替えて ください。
　　　　　　　　　　　　か

죄송하지만, 자리를 바꿔 주세요.

스미마셍-가, 세끼오 카에테 쿠다사이.

すみませんが、席を 替えて ください。
　　　　　　　せき　か

계산 부탁드립니다.

오카이케- 오네가이 시마스.

お会計 お願いします。
かいけい　ねが

영수증 부탁드립니다.

료-슈-쇼- 오네가이 시마스.

領収証 お願いします。
りょうしゅうしょう　ねが

지금 바로 들어보기

🍙 들어야 제대로 주문한다! 👂　🎧066

주문은 이상으로 괜찮으십니까?
고츄−몽−와 이죠−데 요로시−데스까.
ご注文は 以上で よろしいですか。
ちゅうもん　いじょう

양념과 소금 중 어느 쪽이 좋으십니까?
타레또 시오또 도찌라가 요로시−데스까.
タレと 塩と、どちらが よろしいですか。
しお

살짝 구워서 드세요.
카루꾸 야이떼 오메시아가리 쿠다사이.
軽く 焼いて お召し上がり ください。
かる　や　　　め　あ

숯을 넣을게요.
스미오 오이레 시마스.
炭を お入れ します。
すみ　い

무제한은 두 시간으로 한정되어 있습니다.
타베호−다이와 니지깐−또 낫−떼 오리마스.
食べ放題は 2時間と なって おります。
た　ほうだい　　じかん

다 드신 접시는 치워 드릴게요.
오스미노 오사라, 오사게 이따시마스.
お済みの お皿、お下げ いたします。
す　　さら　お下げ

주문하신 요리는 다 나왔나요?
고츄−몬−노 오시나와 오소로이 데쇼−까.
ご注文の お品は お揃いでしょうか。
ちゅうもん　しな　そろ

정말 죄송합니다. 로스가 다 떨어져서요.
모−시와케아리마셍−. 로−스가 나쿠낫−떼 시마이마시떼….
申し訳ありません。ロースが なくなって しまいまして…。
もう　わけ

지금바로 들어보기

142

🔊 말해야 먹을 수 있다! 👄

어린이용 스푼과 포크 있나요?
코도모요–노 스푼–또 훠–크 아리마스까.
子供用の スプーンと フォーク ありますか。
こ どもよう

집게 하나 더 주세요.
통–그 모–히토츠 쿠다사이.
トング、もう一つ ください。
ひと

갈비 1인분 부탁해요.
카루비, 이찌닌–마에 오네가이시마스.
カルビ、一人前 お願いします。
いちにんまえ　ねが

이것과 이것은 무엇이 다른가요?
코레또 코레 나니가 치가이마스까.
これと これ、何が 違いますか。
なに　ちが

이것은 어느 부위인가요?
코레와 도노 부이데스까.
これは どの部位ですか。
ぶ い

불을 줄이고 싶은데요….
히오 요와꾸 시타이노 데스가….
火を 弱くしたいのですが…。
ひ　よわ

여기요! 불이 약한 것 같아요.
스미마셍–. 히가 요와이 미타이데스.
すみません。火が 弱いみたいです。
ひ　よわ

여기요! 석쇠를 갈아 주세요.
스미마셍–. 아미오 토리카에떼 구다사이.
すみません。あみを 取り替えて ください。
と　か

지금바로 들어보기

호텔
편안함 속으로 포옥!

가장 오래된 호텔은?

일본의 숙박 시설 하면 호텔(ホテル; 호테루)과 여관(旅館; 료칸–)으로 나뉘는데, 둘의 차이는 서양식이냐 전통식이냐예요. 일본에서 가장 오래된 호텔은 도치기(栃木) 현 닛꼬(日光)에 있는 닛꼬 가나야 호텔(日光金谷ホテル)이라네요. 1873년 개업 이래 국내외로부터 많은 사랑을 받고 있어요. 일본식 건축과 서양식 건축 기술이 어우러져 독특한 매력을 가졌어요.

가나야 호텔 정문

닛꼬 가나야 호텔의 외관

닛꼬 가나야 호텔 프론트와 로비

닛꼬 가나야 호텔 객실

⭐ 실속 만점 캡슐 호텔!

캡슐 호텔(カプセルホテル; 카푸세루호테루)이란 말 그대로 캡슐처럼 생긴 좁은 공간에 잠과 휴식을 취할 최소한의 시설을 갖춘 호텔이에요. 가격이 저렴해 여행객이나 출장 온 회사원에게 인기가 있죠. 요즘에는 와이파이, 티비, 컴퓨터 등을 갖춘 좀더 쾌적한 캡슐 호텔도 늘었다네요.

📍 호텔의 또 다른 즐거움, 일본 가정식!

호텔에 묵으면 대개 아침 식사가 제공되죠. 그리고 아침 식사에는 일본 가정식이 포함되어 있어요. 밥(ご飯; 고항), 그리고 반찬(おかず; 오카즈)으로는 어떤 음식들이 나올까요?

🍚 낫또(納豆)

우리의 청국장과 비슷하고, 밥에 얹어서 먹어요. 김치와 함께 세계 5대 건강식품에 선정되었다죠.

🍚 미소시루(味噌汁)

된장국이죠. 맵지 않고 먹으면 부드럽고 깊은 맛이 매력이에요. 미역, 유부를 넣는 것도 특징이죠.

🍚 메다마야끼 (目玉焼き)

변함없는 맛, 계란 프라이이죠. 이 대신에 생선이 나오는 경우도 있어요.

🍚 우메보시(梅干し)

매실을 소금에 절인 것으로 신맛이 식욕을 자극해요. 우리의 김치 같은 존재랄까요.

🍚 킨피라고보 (きんぴらごぼう)

아삭아삭한 우엉의 식감이 밥과도 잘 어울리고, 식이섬유가 풍부하다네요.

🍚 다시마키타마고 (だし巻き卵)

계란에 육수를 섞어서 만들어요. 간 무를 얹어 간장에 찍어 먹어요.

🍚 노리(のり)

일본 김은 우리 김처럼 소금이나 참기름을 안 쓰기 때문에 더 담백한 느낌이에요. 밥을 싸 간장에 찍어 먹어요.

🍚 츠케모노(漬物)

음식 재료를 소금이나 식초로 숙성시킨 반찬이에요. 종류가 아주 많고 지역마다 특산물로도 유명하죠.

EBS BANDI TALK !

 068

조금 비쌉니다.
스꼬시 타카이데스.
少し 高いです。
すこ　たか

체크인 하고 싶습니다.
첵-쿠인 시따이데스.
チェックイン したいです。

체크아웃 하고 싶습니다.
첵-쿠아우토 시따이데스.
チェックアウト したいです。

예약하셨습니까?
요야꾸 나사이마시따까.
予約 なさいましたか。
よ やく

미카미 마사히로로 예약했습니다.
미카미 마사히로데 요야꾸 시마시따.
みかみまさひろで 予約しました。
よ やく

싱글 룸으로 1박이시네요.
싱-구루 루-무데 고입-빠꾸 데스네.
シングルルームで ご一泊ですね。
いっぱく

조식은 몇 시부터 먹을 수 있나요?
쵸-쇼쿠와 난-지까라 타베라레마스까.
朝食は 何時から 食べられますか。
ちょうしょく　なんじ　　た

짐, 맡길 수 있나요?
니모쯔, 아즈께라레마스까.
荷物 預けられますか。
に もつ あず

지금 바로 들어 보기

식당은 2층에 있습니다.

쇼쿠도-와 니까이니 고자이마스.

食堂は 2階に ございます。
しょくどう　　かい

식권을 지참해 주세요.

쇽-켕-오 오모찌 쿠다사이.

食券を お持ち ください。
しょくけん　も

체크아웃은 10시입니다.

첵-쿠아우토와 쥬-지데 고자이마스.

チェックアウトは 10時で ございます。
じ

문의사항 있으시면, 프론트 3번으로 연락 부탁드립니다.

나니까 고자이마시타라, 후론-토 삼-반-마데 고렌-라꾸 쿠다사이.

何か ございましたら、フロント 3番まで ご連絡 ください。
なに　　　　　　　　　　　　　ばん　　　れんらく

이쪽에 성함과 연락처를 써 주세요.

코찌라니 오나마에또 고렌-라꾸사키오 오카키 쿠다사이.

こちらに お名前と ご連絡先を お書き ください。
な まえ　　れんらくさき　　か

방은 자동 잠금 장치로 되어 있습니다.

오헤야와 오-토록-꾸또 낫-떼 오리마스.

お部屋は オートロックと なって おります。
へや

매점은 오전 7시부터 오후 8시까지 영업입니다.

바이텡-와 고젠- 시치지까라 고고 하찌지마데노 에-교-데스.

売店は 午前 7時から 午後 8時までの営業です。
ばいてん　ごぜん　じ　　ごご　じ　　　　　えいぎょう

지금 바로 들어보기

조식은 어디에서 먹을 수 있나요?
쵸-쇼꾸와 도꼬데 타베라레마스까.
朝食は どこで 食べられますか。
ちょうしょく　　　　　た

하루 연장할 수 있나요?
입-빠꾸 엔쵸- 데끼마스까.
一泊、延長できますか。
いっぱく　えんちょう

와이파이 비밀 번호는 뭐죠?
와이화이노 파스와-도와 난-데스까.
ワイファイのパスワードは 何ですか。
なん

방에 열쇠를 두고 나왔어요.
헤야니 카기오 오이테 데마시타.
部屋に 鍵を おいて 出ました。
へや　かぎ　　　　で

열쇠를 잃어버렸어요.
카기오 나쿠시마시타.
鍵を なくしました。
かぎ

뜨거운 물이 안 나오는데요….
오유가 데나인-데스가….
お湯が 出ないんですが…。
ゆ　で

이 주변의 지도 있나요?
코노슈-헨-노 치즈 아리마스까.
この周辺の 地図 ありますか。
しゅうへん　ち　ず

지금 바로 들어 보기

즐겨라!
여름 축제

📍 축제만 30만 개

일본에서는 연간 30만 개가 넘는 축제가 열린다네요. 원래는 신이나 조상에게 기도하고 기원하던 의식에서 비롯되었는데, 차츰 지역, 종교, 계절을 대표하는 행사로 축제가 열리게 되었어요. 특히 여름철인 7월과 8월은 많은 축제가 열리는 시기라네요.

📍 여름 축제의 다양한 먹을 거리

축제마다 특유의 볼거리가 있어요. 불꽃놀이를 비롯해 거리 행진이 있는가 하면 등불 밝히기 등 실로 다양한 축제가 있지요.

축제에서 또 하나의 즐거움은 뭐니 뭐니 해도 수많은 포장마차(屋台; 야타이)에서 판매하는 다양한 먹을 거리 아닐까요? 우리에게 친숙한 음식에서 여름 축제 때만 먹을 수 있는 음식도 많으니 꼭 맛보세요.

🍧 카키고-리(かき氷)

일본 빙수는 얼음에 시럽을 뿌린 심플한 것인데요, 100~300엔 정도로 저렴해 1인 1빙이 기본이죠.

🍧 링-고아메(りんご飴)

사과를 시럽으로 코팅한 것으로, 여름 축제 때만 맛볼 수 있어요. 달콤 상큼한 맛이 일품이죠.

🍧 타코야키(たこ焼き)

포장마차의 단골 메뉴로, 우리에게도 친숙하죠. 유카타를 입고 여름 축제에서 먹으면 또 다른 느낌이 나요.

🍧 야키소바(焼きそば)

간장 맛 소스로 볶아서 만든 면 요리예요. 양이 많으니 배고플 땐 이것부터 드시는 게 상책!

🍧 야키토-모로코시(焼きとうもろこし)

삶은 옥수수를 숯불에 구워서 버터와 간장 소스를 발라서 먹어요.

🍧 이카야키(イカ焼き)

오징어를 간장 소스에 재였다가 구워 먹죠. 어른한테 인기가 많은 메뉴겠네요.

📍 일본 3대 축제

일본에서 축제 하면 교토의 기온마쓰리(祇園祭), 오사카의 덴진마쓰리(天神祭), 도쿄의 간다마쓰리(神田祭)를 3대 축제로 꼽아요. 역사도 깊고 규모도 커서 일본 내는 물론 외국에서도 즐겨 찾는다네요. 그리고 여기에 하나 더 보태자면 삿포로의 유키마쓰리(雪まつり)를 빼놓을 수 없겠죠.

🚢 교토의 기온마쓰리(祇園祭)

줄잡아 1,100년의 역사를 가진 전통 축제예요. 7월 한 달 내내 열린다네요. 축제에 등장하는 신을 모시는 가마인 야마보코(山鉾)는 지역별로 32채가 만들어져 교토 시내를 행진해요.

🚢 오사카의 덴진마쓰리(天神祭)

1,000년이 넘는 역사를 가졌는데요. '학문의 신'이라고 불리는 스가와라노미치자네(菅原道真)를 위한 축제이며, 피날레에는 불꽃축제도 열려요.

🚢 도쿄의 간다마쓰리(神田祭)

2년에 한 번 5월에 열려요. 1603년 도쿠가와 이에야스(德川家康)가 전쟁에 승리한 것을 기념해서 시작했대요. 약 200개의 가마(神輿)를 메고 행진한다네요.

⭐ 삿포로의 유키마쓰리(雪まつり)

엄청난 양의 눈을 쌓아 올려 조각품을 만들어 놓은 모습이 장관을 연출해 내죠. 눈이 많이 내리는 홋카이도만의 축제 풍경이 아닐까요?

맛 있을 거 같아.
오이시소-.
おいしそう。

맛있을 거 같습니다.
오이시소-데스네.
おいしそうですね。

뜨거울 거 같아
아츠소-.
あつそう。

뜨거울 거 같습니다.
아츠소-데스네.
あつそうですね。

재미있을 거 같아
타노시소-.
楽しそう。
たの

재미있을 거 같습니다.
타노시소-데스네.
楽しそうですね。
たの

사진을 찍어 주실 수 있겠습니까?
샤싱-오 톳-떼 이따다케마셍-까.
写真を 撮って いただけませんか。
しゃしん　と

길을 터 주실 수 있겠습니까?
미찌오 아케테 이따다케마셍-까.
道を あけて いただけませんか。
みち

지금바로들어보기

밀지 말아 주세요.
오사나이데 쿠다사이.
押さないで ください。
お

만지지 말아 주세요.
사와라나이데 쿠다사이.
触らないで ください。
さわ

맛있는 야끼소바 어떠세요?
오이시ー야끼소바와 이카가데스까.
おいしい焼きそばは いかがですか。
や

저기요, 지갑을 떨어뜨리셨네요.
스미마셍ー, 사이후 오토시마시타요.
すみません、財布 落としましたよ。
さいふ お

미아 알림입니다.
마이고노 오시라세데스.
迷子の お知らせです。
まいご し

마음껏 즐겨 주세요.
탑ー뿌리 타노신ー데 쿠다사이.
たっぷり 楽しんで ください。
たの

지금 바로 들어 보기

🔴 말해야 즐길 수 있다! 👄   🎧073

축제 회장은 어디인가요?

오마츠리노 카이죠-와 도찌라데스까.

お祭りの 会場は どちらですか。
まつ　　かいじょう

봉지에 넣어 주세요.

후쿠로니 이레떼 쿠다사이.

袋に 入れて ください。
ふくろ　い

몇 시부터 시작하나요?

난-지까라 하지마리마스까.

何時から 始まりますか。
なんじ　　はじ

쓰레기통은 어디에 있나요?

고미바꼬와 도꼬데스까.

ゴミ箱は どこですか。
ばこ

유카타 예쁘네요.

유카타 키레-데스네.

浴衣、きれいですね。
ゆかた

잘 어울려요.

요꾸 니앗-떼 이마스.

よく 似合って います。
に　あ

지금 바로 들어보기

BUCKET LIST 20

만화방 인터넷 카페

📍 만화 천국 일본

일본은 남녀노소를 불문하고 만화를 좋아하죠. 일본이 세계 제일을 자처하는 애니메이션의 뿌리에는 만화가 자리하고 있어요. 수도 없이 쏟아지는 만화가 있고, 그 만화를 즐기는 사람들을 위한 만화방(マンガ喫茶; 망-가킷-사)도 많아요.

만화로 가득한 망-가킷-사의 내부 모습.

인터넷 시설도 잘 갖추어져 있다.

📍 만화방이야? PC방이야?

일본의 망-가킷-사(マンガ喫茶)는 우리나라의 만화방과 PC방을 합친 느낌이에요. 만화도 읽을 수 있고 컴퓨터는 물론 비디오 게임까지 사용할 수 있거든요.

📖 방해 받기 싫을 땐 나만의 공간

일본의 만화방은 우리처럼 열린 공간이 아니라 1인실 또는 2인실로 되어 있는 경우가 많아요. 아주 편하겠죠.

📖 식사 메뉴는 웬만한 식당 수준

일본 만화방에서는 식사 메뉴도 다양하게 제공돼요. 과자나 음료, 컵라면 같은 인스턴트 식품도 있고, 카레, 라멘, 덮밥 요리처럼 일반 음식점 같은 메뉴도 있어요.

⭐ 얼마예요?

보통 10분에서 1시간 기준으로 기본 요금이 설정되어 있어요. 기본 요금에는 음료가 포함되어 있는 경우도 있죠. 시간 연장을 하고 싶을 때는 10분마다 80엔 정도의 추가 요금을 내면 돼요. 물론 지역에 따라 기본 가격에는 약간씩 차이가 있죠. 긴 시간 이용하는 손님을 위한 코스 요금이나 아침까지 이용하는 사람을 위한 나이트 코스도 있다네요.

⭐ 인터넷 카페

만화방과 비슷한 개념으로 인터넷 카페 (ネットカフェ; 넷-또카훼)가 있어요. 대개는 만화도 갖춘 곳이 많아, 망가킷-사와 큰 차이가 없는 곳도 있죠. 넷-토카훼에서는 인터넷 이용은 물론, 비디오 게임, DVD 시청도 가능하고, 드링크바 이용, 음식 주문도 가능하죠. 규모가 큰 곳에서는 개인실, 커플식, 가족실 등의 방도 갖추고 있다네요. 물론 숙박이 가능한 곳도 있으니, 한 번 이용해 볼 만도 하겠어요.

예약하지 않아도 되나요?
요야꾸 시나쿠테모 이–데스까.
予約 しなくても いいですか。
よ やく

담배 피우십니까?
타바꼬 오스이니 나리마스까.
たばこ お吸いに なりますか。
す

네, 피웁니다.
하이, 스이마스.
はい、吸います。
す

아니요, 피우지 않습니다.
이–에, 스이마셍–.
いいえ、吸いません。
す

이불 무료로 이용 가능한가요?
후통– 무료–데 리요– 데끼마스까.
ふとん 無料で 利用 できますか。
む りょう　　 り よう

베개 무료로 이용 가능한가요?
마쿠라 무료–데 리요– 데끼마스까.
まくら 無料で 利用できますか。
む りょう　　 り よう

조금 춥네요.
촛–또 사무이데스네.
ちょっと 寒いですね。
さむ

조금 시끄럽네요.
촛또 우루사이데스네.
ちょっと うるさいですね。

지금 바로 들어보기

🔊 들어야 이용할 수 있다! 👂

한 분 이용하시나요?

오히토리사마노 고리요-데스까.

お一人様の ご利用ですか。
ひとり さま　　　 り よう

몇 시간 이용하실 거죠?

난-지캉- 고리요-니 나리마스까.

何時間 ご利用に なりますか。
なん じ かん　　　 り よう

지불은 선납입니다.

오시하라이와 마에바라이또 낫-떼 오리마스.

お支払いは 前払いと なって おります。
し はら　　　 まえばら

룸 타입은 어떻게 하시겠습니까?

루-무타이프와 이까가 나사이마스까.

ルームタイプは いかがなさいますか。

음료수는 드링크바를 이용해 주세요.

오노미모노와 도링-쿠바-오 고리요- 쿠다사이.

お飲み物は ドリンクバーを ご利用 ください。
の　 もの　　　　　　　　　　　 り よう

음식을 드시는 경우에는 컴퓨터로 주문 받습니다.

타베모노오 메시아가루 바아이와 파소콘-데 고쥬-몽 이타다께마스.

食べ物を 召し上がる 場合は パソコンで ご注文 いただけます。
た もの　 め あ　　　 ば あい　　　　　　　　 ちゅうもん

연장하십니까?

엔쵸-나사이마스까.

延長なさいますか。
えんちょう

지금 바로 들어보기

인터넷 상태가 좋지 않은데요….
인타―넷―또노 쵸―시가 와루인―데스가….
インターネットの調子が 悪いんですが・・・。

헤드폰을 교환해 주시겠어요?
헷―도홍―오 코―칸―시떼 모라에마스까.
ヘッドホンを 交換して もらえますか。

샤워실도 이용하고 싶어요.
샤와―시츠모 리요― 시타이데스.
シャワー室も 利用 したいです。

금연석으로 부탁해요.
킹―엔―세끼데 오네가이시마스.
禁煙席で お願いします。

찾고 싶은 책이 있는데요….
사가시따이 홍―가 아룬―데스가….
探したい本が あるんですが…。

지금 식사 주문 가능한가요?
이마 쇼꾸지노 츄―몬― 데끼마스까.
今 食事の注文できますか。

음료는 뭐가 있어요?
노미모노와 나니가 아리마스까.
飲み物は 何が ありますか。

자리 바꿀 수 있나요?
세끼, 카에라레마스까.
席、替えられますか。

지금 바로 들어보기

옷도 사고
신발도 사고

📍 일본의 백화점은?

옷이나 신발을 사려면 다양한 구매처가 있겠지만, 고급스런 분위기를 느껴 보고
싶다면 백화점(デパート; 데파-토)에 들러 보는 것도 좋지 않을까요? 백화점에
서의 판매만 고집하는 브랜드도 꽤 있기 때문에 모처럼의 일본 여행이라면 발걸
음 한 번 해 보는 것도 괜찮겠죠.

📍 일본의 3대 백화점부터 소개하죠.

1위 🧥 **이세탄(伊勢丹)** 본점(신주쿠)

도쿄(東京)의 중심부 신주쿠(新宿)에 있어요. 하루 매출이 70억 원을 넘는 인기 백화점이라네요. 일본에서 압도적인 인기를 얻고 있고, 식품 코너는 세계적으로도 유명해요.

2위 🧥 **한큐(阪急)** 본점(우메다)

오사카의 번화가인 우메다(梅田)에 있어요. 한큐 백화점은 화려한 공간과 이색적인 서비스 제공으로, 일상으로부터의 해방을 경험하게 하는 '극장형 백화점'을 내세워 손님을 모으고 있다네요.

3위 🧥 **세부(西武)** 본점(이케부쿠로)

하루 이용자가 세계 2위(1위는 신주쿠 역)인 도쿄의 이케부쿠로(池袋) 역에 있어요. 젊은 층에게 절대적인 인기를 얻고 있는 백화점이라네요.

 Tips

신발 사이즈 표기법이 달라요

우리나라는 신발 사이즈를 밀리미터(mm)로 표기하는데요, 일본은 센티미터(cm)로 표기해요. 그래서 사려는 신발 사이즈가 255mm라면 일본에서는 '25.5'라고 표기되어 있어요. 잘 알아 두었다가 당황하지 마세요.

우리나라(mm)	일본(cm)
230	23.0
235	23.5
260	26.0
265	26.5

📍 나만의 아이템을 즐겨라!

일본은 우리나라에 비해서 구제 옷(古着; 후루기)를 찾는 사람이 많아요. 새 옷보다 싸고 독특한 디자인이나 하나밖에 없는 아이템이 많다는 게 이유 중 하나예요. 그래서 지역마다 후루기(古着) 가게가 모여 있는 곳이 있죠. 패션을 좋아하는 사람은 산책도 할 겸 걸어 보면 좋을 것 같네요.

👚 고엔지(高円寺)

도쿄에서 구제 옷을 사러 간다면 빠질 수가 없는 동네예요. 싼 옷부터 빈티지 옷까지 다양하게 있어요. 오래되고 분위기 있는 옷 가게나 음식점도 많죠. 고엔지(高円寺) 역을 이용하면 쉽게 찾아갈 수 있어요.

👚 시모키타자와(下北沢)

도쿄의 또다른 지역으로, 이곳 또한 구제 옷 가게가 많아요. 한편, 연극을 상연하는 작은 공연장이 많아 배우나 가수 지망생이 많이 사는 예술의 동네이기도 해요. 시모키타자와(下北沢) 역을 이용하면 돼요.

👚 하라주쿠(原宿)

하라주쿠 하면 일본의 3대 패션 메카 중 한 곳이죠. 구제 옷뿐만 아니라 모든 장르의 최신 패션을 즐기고 싶다면 도쿄 하라주쿠의 오모테산도(表参道)나 아오야마도-리(青山通り)는 꼭 들러 볼 것을 추천해요.

이 옷 입어 봐도 되나요?
코노 후꾸 키테 미테모 이-데스까.
この服 着て みても いいですか。
ふく き

이 구두 신어 봐도 되나요?
코노 쿠쯔 하이테 미테모 이-데스까.
このくつ はいて みても いいですか。

이 모자 써 봐도 되나요?
코노 보-시 카붓-떼 미테모 이-데스까.
このぼうし かぶって みても いいですか。

무언가 찾고 계신가요?
나니까 오사가시데스까.
何か お探しですか。
なに さが

다른 색도 있나요?
호까노 이로모 아리마스까.
他の色も ありますか。
ほか いろ

끼네요. / 헐렁하네요.
키츠이데스네. / 유루이데스네.
きついですね。/ ゆるいですね。

딱 맞네요.
쵸-도 이-데스네.
ちょうど いいですね。

다른 사이즈도 있나요?
호까노 사이즈모 아리마스까.
他のサイズも ありますか。
ほか

지금 바로 들어보기

무엇을 찾으세요?
나니오 오사가시데스까.
何を お探しですか。
なに　　さが

이것이 제일 유행하는 스타일이에요.
코레가 이찌방 하얏−떼이루 스타이루데스.
これが 一番 はやっている スタイルです。
　　　いちばん

피팅 룸은 저쪽입니다.
시챠꾸시쯔와 아찌라데스.
試着室は あちらです。
し ちゃくしつ

거울은 저쪽입니다.
카가미와 아찌라데스.
鏡は あちらです。
かがみ

어울려요.
오니아이데스.
お似合いです。
　に あ

이건 어떠세요?
코찌라와 이카가데스까.
こちらは いかがですか。

남성복 매장은 2층입니다.
멘즈우리바와 니까이데스.
メンズ売り場は 2階です。
　　　う ば　　2かい

재고를 확인하겠습니다.
자이고오 카꾸닝− 이타시마스.
在庫を 確認いたします。
ざい こ　　かくにん

지금바로 들어보기

하얀 운동화를 찾고 있는데요….
시로이 스니-카-오 사가시떼 이룬-데스가….
白い スニーカーを 探して いるんですが。
しろ　　　　　　　　さが

수선해 주실 수 있나요?
나오세마스까.
直せますか。
なお

라지 사이즈가 있나요?
에루사이즈 아리마스까.
Lサイズ ありますか。

하나 더 작은 사이즈도 있나요?
모-히토츠 치-사이 사이즈모 아리마스까.
もう一つ 小さいサイズも ありますか。
ひと　　　ちい

조금 더 밝은 색이 좋겠네요.
모- 춋-또 아카루이 이로가 이-데스.
もう ちょっと 明るい色が いいです。
あか　　　いろ

찾고 있는 것이 없어요.
사가시떼이루 모노가 나인-데스.
探している ものが ないんです。
さが

포장해 주실 수 있나요?
호-소-시떼 모라에마스까.
包装して もらえますか。
ほうそう

이것, 반품하고 싶은데요….
코레, 헴-삥- 시타이노데스가….
これ、返品したいのですが。
へんぴん

지금 바로 들어 보기

BUCKET LIST 22
그곳에 가면 환상의 놀이동산이 있다!

📍 유명한 놀이동산

일본에는 우리나라에 없는 디즈니랜드와 유니버설 스튜디오가 있죠. 미키마우스를 만날 수 있는 도쿄 디즈니랜드(東京ディズニーランド), 해리포터와 미니언즈를 만날 수 있는 오사카의 '유니버설 스튜디오 재팬(ユニバーサルスタジオジャパン)'. 그 밖에도 내 마음에 꼭 드는 놀이동산을 찾아서 Go, Go, Go!

✿ 요코하마 코스모월드
(横浜コスモワールド)

높이 112.5M의 세계 최대급 관람차(觀覧車)가 유명해요. 쇼핑몰이나 바다, 공원, 온천 시설 등이 있고, 야경의 명소로도 인기가 높다네요.

✿ 하우스텐보스(ハウステンボス)

규슈(九州)의 나가사키(長崎)에 위치. 네덜란드를 재현한 테마파크예요. 일본 내 최대 면적을 자랑하죠. 드라마 촬영지로도 유명해요.

✿ 에도 원더랜드(江戸ワンダーランド)

도쿄에서 2시간 거리. 우리의 민속촌처럼 에도시대(1603~1868)의 거리를 재현한 테마파크. 기모노 착용 등 많은 체험 코너와 공연이 있어서 일본 전통문화를 체험할 수 있어요.

✿ 후지큐 하이랜드(富士急ハイランド)

도쿄에서 약 2시간 거리에 위치한 이곳은 대형 제트코스터(ジェットコースター)를 비롯한 무서운 놀이기구로 유명해요. 회전수나 낙하 각도 등 여러 항목에서 기네스 기록에도 올랐다네요.

📍 무서운 거야? 재밌는 거야?

일본은 공포 영화로 유명한 만큼 귀신의 집(お化け屋敷; 오바케야시키)도 어마어마해요. 그 중에서도 진짜 무섭기로 유명한 귀신의 집을 소개할게요. 무서운 걸 좋아하는 사람은 도전해 보세요.

✿ 도에우즈마사 영화마을(東映太秦映画村)

도에우즈마사 영화마을은 사극의 실제 촬영장 견학도 가능한 테마파크예요. 이곳 귀신의 집은 실제 영화 미술 스텝이 만들고 귀신 역할도 실제 배우가 맡기 때문에 리얼리티가 엄청나다고 해요.

🏵 그린랜드 (グリーンランド)

규슈(九州) 구마모토(熊本) 현에 있는 테마 파크. 이곳에는 다섯 개나 되는 귀신의 집이 있대요. 원래 귀신이 나 온다고 소문이 났던 곳 으로, 실제로 귀신을 봤 다는 사람도 많다는데, 도전 한 번 어떠세요?

🏵 전율미궁(戦慄迷宮; 센리츠메이큐)

후지큐 하이랜드에 있는 전율미궁은 무섭기 로 소문이 자자한 곳이에요. 900미터에 이르 는 인체실험 수용병동 을 약 60분 정도 체험하 게 되죠. 얼마나 무서운 지 도중에 포기하는 사 람도 있을 정도라네요.

🏵 다이바 괴기학교 (台場怪奇学校)

도쿄 오다이바(お台場)에 있어요. 인기가 너 무 많아서 나고야(名古屋) 현에도 문을 열었 대요. 폐교에 들어가서 여러 미션을 달성하는 형태인데, 소요 시간이 짧은데도 체감 시간은 아주 길게 느껴진다네요.

⭐ 놀이동산에서 즐길 수 있는 놀이기구 이름

회전목마	바이킹	관람차
메리-고-란-도	**바이킹-구**	**칸-란-샤**
メリーゴーランド	バイキング	かんらんしゃ

공중그네	귀신의 집	커피컵
쿠-츄-부랑-코	**오바케야시키**	**코-히-캅-뿌**
空中ブランコ	お化け屋敷	コーヒーカップ

고카트	롤러코스터	거울 방
고-카-토	**젯-토코스타-**	**미라-하우스**
ゴーカート	ジェットコースター	ミラーハウス

무섭네요.
코와이데스네.
こわいですね。

이 놀이기구는 스피드가 빠른가요?
코노 노리모노와 스피-도가 하야이데스까.
この乗り物は スピードが 速いですか。
　　の　もの　　　　　　　はや

아이랑 함께 앉아도 되나요?
코도모또 잇-쇼니 스왓-떼모 이-데스까.
子供と いっしょに 座っても いいですか。
こ ども　　　　　　すわ

공연은 언제 시작됩니까?
코-엥-와 이쯔 하지마리마스까.
公演は いつ 始まりますか。
こうえん　　　はじ

퍼레이드는 언제 시작됩니까?
파레-도-와 이쯔 하지마리마스까.
パレードーは いつ 始まりますか。
　　　　　　　　　はじ

세일은 언제 시작되나요?
세-루와 이쯔 하지마리마스까.
セールは いつ 始まりますか。
　　　　　　　　はじ

세일은 언제 끝나나요?
세-루와 이쯔 오와리마스까.
セールは いつ 終わりますか。
　　　　　　　　お

지금 바로 들어보기

🌏 들어야 즐길 수 있다! 👂 🎧081

입구는 이쪽입니다.
뉴-죠-구찌와 코찌라데스.
入場口は こちらです。
にゅうじょうぐち

입장권은 가지고 계세요?
뉴-죠-켕-와 오모찌데스까?
入場券は お持ちですか。
にゅうじょうけん　　　　　も

저쪽으로 들어가 주세요.
아치라까라 오하이리 쿠다사이.
あちらから お入り ください。
　　　　　　　　はい

죄송합니다만, 어린아이는 이용할 수 없습니다.
모-시와케고자이마셍-가, 오코사마와 고리요-이타다케마셍-.
申し訳ございませんが、お子様は ご利用 いただけません。
もう　わけ　　　　　　　　　　　こ さま　　　りよう

비로 인해 퍼레이드는 중지합니다.
아메노타메, 파레-도와 츄-시 이따시마스.
雨のため、パレードは 中止いたします。
あめ　　　　　　　　　　　ちゅう し

현재, 대기시간은 2시간입니다.
타다이마, 니지캉-마찌데스.
只今、2時間待ちです。
ただいま　じ かん ま

미아 안내를 드리겠습니다.
마이고노 고안-나이 모-시아게마스.
迷子の ご案内 申し上げます。
まい ご　　　あんない もう　あ

지금바로 들어 보기

디즈니랜드는 어디에서 내리나요?
디즈니ー란ー도와 도꼬데 오리마스까.
ディズニーランドは どこで 降りますか。
お

입구는 여기인가요?
이리구찌와 코꼬데스까.
入り口は ここですか。
い　ぐち

출구는 어디예요?
데구찌와 도꼬데스까.
出口は どこですか。
で ぐち

이 줄은 제트코스터를 타는 줄인가요?
코노 레츠와 젯ー토코ー스타ー니 노루 레츠데스까.
この列は ジェットコースターに 乗る 列ですか。
れつ　　　　　　　　　　　　　　　の　れつ

몇 분 기다리죠?
남ー뿐ー마찌데스까.
何分待ちですか。
なんぷん ま

우리 아이가 없어졌어요.
우치노 코가 이나쿠낫ー찻ー딴ー데스가….
うちの子が いなくなっちゃたんですが…。
こ

미아보호 센터는 어디인가요?
마이고센ー타ー와 도꼬데스까.
迷子センターは どこですか。
まい ご

지금 바로 들어보기

화려함 속으로!
벚꽃 축제

📍 벚꽃과 오하나미 (お花見; 꽃 구경)

사람들의 마음을 알록달록 물들이며 화려함의 극치를 보여 주는 벚꽃은 일본인이 가장 좋아하는 꽃이죠. 그래서 일본인은 봄이 되면 가족이나 친구, 회사 동료들과 벚꽃 구경 나들이를 가는 경우가 많아요. 이 벚꽃 구경 나들이를 오하나미 (お花見)라고 하지요. 벚꽃 축제 하면 우리나라에서는 산책하면서 사진을 찍는 정도인데요, 일본에서는 벚꽃 나무 아래에 돗자리를 깔고 음식을 먹으며 파티하는 분위기를 내요.

📍 벚꽃 명소

아래는 일본에서도 손꼽히는 벚꽃 명소예요. 봄철에 해당 지역으로 여행을 간다면 꼭 한 번 들르기를 추천해요. 일본의 남쪽 규슈 지방의 3월 중순부터 북쪽 삿포로의 4월 말에서 5월 초까지 지역별로 벚꽃 피는 시기가 다르니 인터넷에서 벚꽃 전선(桜前線)을 검색해 보고 가는 것도 좋겠죠.

도쿄 **🌸 스미다(隅田) 공원**

도쿄 스카이트리와 벚꽃을 함께 즐길 수 있는 인기 장소예요. 만약 봄철 여행을 놓쳤다면 여름에는 그 옆을 흐르는 스미다강에서 큰 불꽃 축제도 열리니 참고하세요.

도쿄 **🌸 이노카시라(井の頭) 공원**

신주쿠에서 약 30분 거리에 있어요. 이노카시라(井の頭) 역을 이용하면 쉽게 찾을 수 있죠. 이 주변은 도쿄에서도 살고 싶은 동네 1~2위에 랭크되죠.

쿄토 **🌸 요도가와(淀川) 하천 공원**

요도가와(淀川) 강변을 따라 이어진 1.4km에 이르는 길 양 옆으로 벚꽃 나무가 심어져 있고, 이를 '벚꽃터널'이라고 부르죠. 이 길을 걷고 있으면 감탄할 수밖에 없을 거예요.

홋카이도 **🌸 고료-카쿠(五稜郭) 공원**

별 모양의 성으로 유명한 홋카이도 하코다테(函館)의 고료-카쿠예요. 성 주변을 둘러싼 벚꽃이 장관을 이루어 많은 이들이 찾는대요. 개화 시기는 4월 말에서 5월 초예요.

🌸 치열한 바쇼토리(場所取り)

오하나미(お花見) 시즌이 되면 사람들은 좋은 자리를 차지하기 위해 엄청난 경쟁을 벌여요. 새벽부터 미리 돗자리를 깔아 놓고 자리를 맡아 두는 사람이 많죠. 회사의 경우는 직원 한두 명을 미리 자리 잡기 인원으로 배정하는 예까지 있을 정도예요. 이런 자리 잡기를 바쇼토리(場所取り)라고 하죠.

⭐ 벚꽃 전선(桜前線)

아래 그림은 일본 기상청이 발표한 벚꽃 전선(桜前線; 사쿠라젠–센–)이에요. 개화 시기에 따라 매년 빨라졌다 늦어졌다 하지만, 대체로 아래 그림과 같은 시기에 벚꽃이 피니 참고하세요.

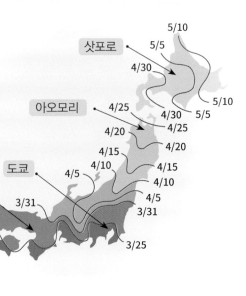

EBS BANDI TALK!

🎧 083

당겨 주시지 않겠습니까?
츠메떼 이따다케마셍-까.
つめて いただけませんか。

지나가도 될까요?
토옷-떼모 이-데스까.
通っても いいですか。
とお

여기에 놓아도 되나요?
코꼬니 오이떼모 이-데스까.
ここに 置いても いいですか。
お

여기에 세우면 안 됩니다.
코꼬니 토메테와 이케마셍-.
ここに 止めては いけません。
と

안쪽으로 진행해 주세요.
나까노 호-니 스슨-데 쿠다사이.
なかのほうに 進んで ください。
すす

멈추지 마세요.
토마라나이데 쿠다사이.
止まらないで ください。
と

지금 바로 들어보기

🔊 들어야 조심할 수 있다! 🎧 084

쓰레기는 가지고 돌아가 주세요.
고미와 오모찌카에리 쿠다사이.
ごみは お持ち帰り ください。
　　　　も　　かえ

가지를 꺾지 말아 주세요.
에다오 오라나이데 쿠다사이.
枝を 折らないで ください。
えだ　お

흡연은 하지 말아 주세요.
키츠엥-와 오야메 쿠다사이.
喫煙は おやめ ください。
きつえん

여기부터는 들어가지 말아 주세요.
코꼬까라 사키와 하이라 나이데 쿠다사이.
ここから 先は 入らないで ください。
　　　　さき　はい

사진 찍어 드릴까요?
샤싱-, 오토리 시마쇼-까.
写真、お撮り しましょうか。
しゃしん　と

옆 자리 좀 실례할게요.
오토나리 시츠레-시마스.
お隣、失礼します。
となり　しつれい

불을 사용하는 요리는 하지 말아 주세요.
히오 츠깟-따 료-리와 오야메 쿠다사이.
火を使った 料理は おやめ ください。
ひ　つか　りょうり

지금바로 들어보기

말해야 즐길 수 있다! 😄

사진을 찍어 주실 수 있으세요?
샤싱-오 톳-떼 이타다케마셍-까.
写真を 撮って いただけませんか。
_{しゃしん　と}

잠시 지나갈게요.
촛-또 토-리마스.
ちょっと 通ります。
_{とお}

여기에 펴도 될까요?
코꼬니 히로게테모 이-데스까.
ここに 広げても いいですか。
_{ひろ}

조명은 몇 시부터 켜나요?
라이토압-뿌와 난지까라데스까.
ライトアップは 何時からですか。
_{なん じ}

화장실은 어디로 가면 될까요?
토이레와 도꼬니 이케바 이-데스까.
トイレは どこに 行けば いいですか。
_い

어디가 제일 예쁜가요?
도꼬가 이찌방 키레-데스까.
どこが 一番 きれいですか。
_{いちばん}

쓰레기는 어떻게 하나요?
고미와 도- 시마스까.
ゴミは どうしますか。

지금바로 들어보기

BUCKET LIST 24

편의점 이용하기

📍 여행 시 자주 이용하게 되는 편의점

여행을 가면 물건을 사기 위해 편의점에 들르게 되죠. 일본에는 55,000개가 넘는 편의점이 있어요. 간판은 우리나라의 편의점과 크게 다르지 않아요. 그 중에서도 점포수가 많고 인기 있는 편의점을 몇 개 소개하죠.

🏪 세븐일레븐

일본 내에서 가장 많은 점포수를 가졌어요. 19,000개가 넘는대요.

🏪 패밀리마트

일본 내 점포수 2위예요. 18,000개가 넘는다니까 세븐일레븐보다 1,000개 정도 적네요.

🏪 로손

일본 내 점포수 3위의 편의점이에요. 13,000개에 육박하네요.

🏪 미니스톱

일본 내 점포수 4위죠. 2,300여 개라니까 앞의 다른 편의점과 큰 차이를 보이네요.

⭐ 편의점에서 사게 되는 물품

물
오미즈
お水
みず

삼각 김밥
오니기리
おにぎり

과자
오카시
お菓子
か　し

컵라면
캅ー뿌라ー멘ーー
カップラーメン

맥주
비ー루
ビール

우유
규ー뉴ー
牛乳
ぎゅうにゅう

칫솔
하부라시
歯ブラシ
は

치약
하미가키코
歯磨き粉
は　みが　こ

⭐ 우리와 다른 점은?

편의점에 들어가 보면 우리 나라 편의점에는 없는 것을 발견하게 돼요. 어떤 것들 이 있을까요?

술이나 담배를 계산대로 가져가면 화면에 20歳以上입니 까？(20살 이상입니까?)라고 떠 요. 터치해야 구매할 수 있어요.

화장실을 자유롭게 이용 할 수 있어요.

만화, 잡지, 소설 등 서적도 판매해요.

복사기, 팩스 이용, 각종 티 켓의 예매 및 구매가 가능해요.

☆ 겨울철 별미 편의점 어묵(おでん; 오뎅)

일본 편의점은 계산대 옆에서 어묵을 팔아요. 손님이 그릇에 담아 계산대로 가져가는 곳도 있고, 직원에게 먹고 싶은 것을 말하면 담아 주는 곳도 있어요. 우리나라에 없는 것도 있고 값도 저렴하니 사서 숙소에 가지고 가 드시는 것도 좋겠네요. 어묵 재료로 특별한 몇 가지만 소개할게요.

계란
타마고
卵
たまご

안에 떡이 들어간 유부
모찌킨-차쿠
もちきんちゃく

다진 생선살을 찐 것
한-펜-
はんぺん

감자
자가이모
じゃがいも

데친 양배추로 고기를 싼 요리
로-루캬베츠
ロールキャベツ

실곤약
시라타키
しらたき

소 힘줄
규-스지
牛すじ
ぎゅう

무
다이콩-
大根
だいこん

계산은 900엔입니다.
오카이케- 큐-햐꾸엔-니 나리마스.
お会計 900円に なります。
かいけい　　　えん

1,000엔 받겠습니다.
셍-엥- 오아즈까리 시마스.
1000円 お預かりします。
えん　　あず

100엔의 거스름돈이 되겠습니다.
햐꾸엔-노 오카에시니 나리마스.
100円の お返しに なります。
えん　　　かえ

데우시겠습니까?
아타타메마스까.
温めますか。
あたた

따로 넣어 드릴까요?
오와케 시마스까.
お分け しますか。
わ

포인트 카드 가지고 계십니까?
포인-토카-도 오모찌데스까.
ポイントカード お持ちですか。
も

지금 바로 들어보기

스푼 넣어 드릴까요?

스푼- 츠케마스까.

スプーン つけますか。

봉투 나누어 드릴까요?

후꾸로 와케마스까.

袋 分けますか。
ふくろ　わ

같은 봉투에 (넣어도) 괜찮을까요?

잇-쇼노 후꾸로데 이-데스까.

一緒の袋で いいですか。
いっしょ　　ふくろ

합계 1,450엔입니다.

고-케- 셍-용-햐꾸고쥬-엔-니 나리마스.

合計 1450円に なります。
ごうけい　　えん

화면에 터치 부탁드릴게요.

가멘- 탓-치 오네가이시마스.

画面 タッチ お願いします。
が めん　　　　　ねが

다음 손님!

오츠기노 오갸꾸사마, 도-조.

お次のお客様、どうぞ。
つぎ　　きゃくさま

오래 기다리셨습니다.

오마타세 시마시따.

お待たせしました。
ま

연령 확인 부탁드립니다.

넨-레- 카꾸닝- 오네가이 이타시마스.

年齢確認 お願いいたします。
ねんれいかくにん　　ねが

지금 바로 들어보기

💬 말해야 먹을 수 있다! 👄

포인트 카드는 없어요.

포인—토카ー도와 나이데스.

ポイントカードは ないです。

젓가락 받을 수 있나요?

오하시 모라에마스까

お箸 もらえますか。
　はし

데워 주세요.

아타타메떼 쿠다사이.

温めて ください。
あたた

이거 렌지에 넣어도 되나요?

코레 렌ー지니 이레떼모 이ー데스까.

これ レンジに 入れても いいですか。
　　　　　　　い

이대로 렌지에 넣어도 되나요?

코노마마 렌ー지니 이레떼모 이ー데스까.

このまま レンジに 入れても いいですか。
　　　　　　　　い

나누어 주세요.

와케떼 쿠다사이.

分けて ください。
わ

그것은 빼 주세요.

소레와 누이테 쿠다사이.

それは 抜いて ください。
　　　ぬ

화장실 써도 돼요?

토이레 카리떼모 이ー데스까

トイレ 借りても いいですか。
　　　か

지금 바로 들어보기

내 몸에게 휴식을!
온천

📍 온천 대국 일본

일본 하면 온천이라는 말이 떠오를 정도로 일본은 온천이 많은 나라죠. 전국에 온천지는 3,000군데가 넘고 온천 샘은 17,000개나 된대요. 사용 안 하는 샘만도 10,000개가 넘는다고 하니 그 수가 많기도 하네요.

온천으로 유명한 지역은 역시 규슈이죠. 북규슈(北九州; 키타큐슈), 남규슈(南九州; 미나미큐슈) 지역에 많은 온천이 분포되어 있어요. 특히 남규슈 지역에 유명한 온천이 있는데요, 다음 세 곳을 꼽을 수 있겠네요.

♨ 와카야마(和歌山) 현
카와유(川湯) 온천 센닌부로(仙人風呂)

강가에서 나오는 온천 샘을 이용해 만든 것인데, 일본에서 제일 넓은 노천 온천(露天風呂; 로텐-부로)으로 유명해요. 여름에는 옆에 흐르는 오토강(大塔川)에서 물놀이를 즐기다 강가를 조금 파면 족욕을 할 수 있어요. 또 수량이 적은 겨울에는 강을 막아 노천탕으로 개방하죠. 길이 40미터, 폭 15미터나 된다니 한꺼번에 많은 사람들이 들어갈 수 있다네요. 원래 온천은 수영복(水着; 미즈기)을 안 입는데, 이곳만은 남녀 혼욕이라 수영복을 입어요. 탈의실도 있고 아름다운 자연을 만끽할 수 있는데도 요금은 무료죠.

♨ 히라우치 해중 온천(平内海中温泉)

규슈 가고시마(鹿児島) 현에 속하는 섬 야쿠시마(屋久島). 유네스코 세계 자연유산으로 선정되었고, 바로 이 섬에 있는 온천이에요. 이 온천이 특이한 이유는 바닷물이 빠졌을 때만 이용할 수 있기 때문이에요. 하루 두 번 2시간씩밖에 이용할 수 없는 아주 귀한 온천이라 할 수 있지요.

낮에는 장엄한 바다 경치를 바라보면서, 저녁에는 별이 빛나는 하늘을 보고 파도소리를 들으면서 즐길 수 있어요.

♨ 이부스키(指宿) 모래찜질 온천

가고시마 현 이부스키 시에 있는 스나무시(砂蒸し; 모래 찜질) 온천. '스나'는 모래, '무시'는 '찜'이라는 뜻이죠. 이곳은 300년 이상 된 해변 온천이에요. 유카타(간편한 기모노)로 갈아입고 해변에 누우면 바닷가에서 나오는 온천 샘으로 데워진 모래를 스나카케상(砂かけさん)이라고 불리는 스텝이 몸에 얹어줍니다. 온천 물을 머금어 무게가 나가고 데워진 모래 덕에 노폐물이 땀과 함께 많이 배출돼요. 일반 온천에 비해 3~4배의 해독 효과가 있다네요. 파도 소리를 들으며 즐겨 보세요.

📍 경치를 만끽하는 자연 속의 노천탕!

온천 하면 뭐니 뭐니 해도 경치가 끝내주는 노천탕이죠. 사계절을 즐길 수 있는 자연 속, 그곳의 따뜻한 물에 몸을 담그면 피로도 스트레스도 확 날아갈 거예요. 계절에 따른 노천탕 한 번 경험해 보는 건 어떨까요?

봄: 벚꽃과 어우러진 화사함

여름: 푸르름이 진하게 드리운 산뜻함

가을: 알록달록 색깔의 향연

겨울: 추위를 잊게 하는 설경 속의 포근함

⭐ 우리와 다른 점은?

온천욕으로 땀을 뺐다면 수분이 빠지고 데워진 몸을 시원하게 해 줄 세 가지 음료를 소개할게요. 온천이라면 꼭 비치해 두니 한 번 맛보시면 좋을 것 같네요.

우유
일본은 우리보다
값도 저렴하고 맛도
깊은 맛이 나요.
갈증을 없애 주는 것은
덤이죠.

커피 우유
온천에서는 항상
병으로 파는데, 시원한
병으로 마시면
더욱 맛있는
느낌이에요.

후르츠 우유
여러 가지 과일이
들어 있는 우유예요.
달콤하면서도
과일 향도 나서
매력적인 맛이죠.

기분 좋아.
키모찌 이ー.
気持ち いい。
(き) (も)

따뜻해. / 뜨거워. / 시원해. / 차가워.
앗ー따까이. / 아츠이. / 스즈시ー. / 츠메따이.
あったかい。/ あつい。/ すずしい。/ つめたい。

몸을 씻습니다.
카라다오 아라이마스.
体を 洗います。
(からだ) (あら)

머리를 감습니다.
카미오 아라이마스.
髪を 洗います。
(かみ) (あら)

수염을 깎습니다.
히게오 소리마스.
ひげを 剃ります。
(そ)

때를 미는 것은 안 됩니다.
아까스리와 다메데스.
あかすりは だめです。

예약해야 하나요?
요야꾸 시나케레바 나리마셍ー까.
予約しなければ なりませんか。
(よ やく)

수건을 가져 가야 하나요?
타오루오 못ー떼 이카나케레바 나리마셍ー까.
タオルを 持って 行かなければ なりませんか。
(も) (い)

지금바로 들어보기

미끄러우니까 조심하세요.

스베리마스노데 오키오 츠케 쿠다사이.

すべりますので、お気を 付け ください。

목욕 후에 시원한 우유 어떠세요?

오후로 아가리니 츠메타이 규ー뉴ー와 이카가데스까.

お風呂 上がりに 冷たい 牛乳は いかがですか。

마사지 의자는 무료예요.

맛사ー지체아와 무료ー데 고자이마스.

マッサージチェアは 無料で ございます。

열쇠는 이쪽에 반납해 주세요.

카기와 코찌라니 헹ー캬꾸 시테 쿠다사이.

鍵は こちらに 返却して ください。

신발을 벗고 들어가세요.

쿠츠오 누이데 오하이리 쿠다사이.

靴を 脱いで お入り ください。

귀중품은 락커에 넣어 주세요.

키쵸ー힝ー와 록ー카ー니 이레떼 쿠다사이.

貴重品は ロッカーに 入れて ください。

벗은 옷은 바구니에 넣어 주세요.

누이다 후꾸와 카고니 이레떼 쿠다사이.

脱いだ 服は かごに 入れて ください。

지금 바로 들어 보기

대욕장은 어디죠?

다이요꾸죠-와 도꼬데스까.

大浴場は どこですか。
だいよくじょう

남탕은 어디인가요?

오토코유와 도꼬데스까.

男湯は どこですか。
おとこ ゆ

여탕은 어디인가요?

온-나유와 도꼬데스까.

女湯は どこですか。
おんな ゆ

귀중품은 어떻게 하나요?

키쵸-힝-와 도- 시마스까.

貴重品は どうしますか。
き ちょうひん

실례합니다. 타올이 없는데요….

스미마셍. 타오루가 나인-데스가….

すみません。タオルが ないんですが…。

사우나도 있나요?

사우나모 아리마스까.

サウナも ありますか。

노천 온천도 있어요?

로템-부로모 아리마스까.

露天風呂も ありますか。
ろ てん ぶ ろ

지금 바로 들어보기

BUCKET
LIST
26

전자상가

📍 카메라부터 밥솥까지 없는 것이 없는 일본 전자상가!

티비나 스마트폰 같은 가전제품
(家電製品; 가덴세-힝-) 하면
우리나라가 유명하지만, 전통적
으로 일본이 강세를 보이는 전자제품도 많아요. 카메라가 그 대표적인 예인데,
해외 브랜드 또한 우리나라보다 저렴한 품목이 많죠. 일본의 전자상가는 제품
종류가 많고 여러 회사 제품을 한곳에서 판매하기 때문에 우리나라보다 점포가
넓은 것도 특징이에요.

⭐ 유명한 전자상가 3대 브랜드

🔌 **야마다덴-키**
(ヤマダ電機)

점포 수도 많고 전국적으
로 유명한 업계 1위. 도심부
에도 있지만 교외에도 대
형 매장을 많이 운영해요.

🔌 **빅-쿠카메라**
(ビックカメラ)

티비 같은 전기 제품, 컴퓨
터 외에도 장난감, 침구, 자
전거 등 많은 상품을 판매
하고 있는 것이 특징.

🔌 **요도바시카메라**
(ヨドバシカメラ)

점포 수는 많지 않지만, 접
근도가 좋은 도심의 주요
역 앞에는 반드시 매장을
가진 브랜드.

📍 전자 상가의 성지 아키하바라(秋葉原)

도쿄에 위치한 아키하바라는 일본 전자 상가의 성지라고 해도 과언이 아니예요. 한때 전국을 통틀어 전가상가로는 규모가 제일 컸기 때문인데요, 지금은 야마다 전기 등 다른 브랜드에 밀리는 상황이에요. 대신 게임, 만화, 애니메이션의 프라 모델의 중심지로 변화를 꾀하고 있다네요.

⭐ 일본 추천 전기제품

🔌 카메라(カメラ)

카메라는 전통적으로 일본이 강세를 보이는 인기 상품이죠. 관련 상품도 많아 손님이 끊이지 않아요.

🔌 미용 가전(美容家電)

요즘 인기가 있는 것이 미용 가전이에요. 남자에게는 일본 전기 면도기가 인기를 모으고 있죠.

🔌 클렌징 브러시 (クレンジングブラシ)

미세먼지까지 말끔히 씻어주는 진동 클렌징 브러시! 가격도 다양하게 있어요.

⭐ 전기 제품을 일본어로 알아보자!

밥솥
스이항-키
炊飯器
すいはん き

노트북
노-토파소콘
ノートパソコン

가습기
가시츠키
加湿器
か しつ き

안마의자
맛-사-지체아
マッサージチェア

믹서기
미키사-
ミキサー

커피머신
코-히-마신-
コーヒーマシン

디지털카메라
데지카메
デジカメ

토스터기
토-스타-
トースター

🔌 공항, 호텔까지는 당연. 이제는 집까지!

관광객이 많은 지역에 있는 큰 전기상가 브랜드는 호텔이나 공항까지 배송해 주는 서비스를 제공하고 있어요. 그리고 시험적으로 일부 매장에서는 해외 배송 서비스도 시작되었죠. 이제 점점 많은 매장에서 가능해질 거예요. 아래는 빅-쿠카메라의 국제배송 가운터.

카메라는 몇 층입니까?
카메라와 낭-까이데스까.
カメラは 何階ですか。
　　　　なんかい

시계는 몇 층입니까?
토케-이와 낭-까이데스까.
とけいは 何階ですか。
　　　　なんかい

다리미는 몇 층입니까?
아이롱-와 낭-까이데스까.
アイロンは 何階ですか。
　　　　なんかい

1층(2층/3층/4층/5층)입니다.
익-카이(니카이/상-가이/용-카이/고카이) 데스.
1階(2階/3階/4階/5階)です。
　かい　かい　がい　かい　かい

이것보다 **작은** 것을 원합니다.
코레요리 치-사이노가 호시-데스.
これより 小さいのが ほしいです。
　　　　ちい

이것보다 가벼운 것을 원합니다.
코레요리 카루이노가 호시-데스.
これより 軽いのが ほしいです。
　　　　かる

이것보다 얇은 것을 원합니다.
코레요리 우스이노가 호시-데스.
これより うすいのが ほしいです。

이것보다 밝은 것을 원합니다.
코레요리 아카루이노가 호시-데스.
これより 明るいのが ほしいです。
　　　　あか

지금바로 들어보기

들어야 산다! 🎧093

보증기간은 1년입니다.
호쇼-키캉-와 이치넨-데스.
保証期間は 1年です。
ほ しょう き かん　　　ねん

새로운 모델이에요.
아타라시- 모데루데스.
新しい モデルです。
あたら

저희 매장에서 첫 번째로 추천하는 상품입니다.
토-텡-, 이치오시노 쇼-힌-데스.
当店、一押しの商品です。
とうてん　　いち お　　　しょうひん

저쪽 코너에 있습니다.
아치라노 코-나-니 고자이마스.
あちらの コーナーに ございます。

싸게 사시는 상품이에요.
오카이도쿠노 쇼-힌-데스.
お買い得の 商品です。
か　 どく　　 しょうひん

시험해 보세요.
오타메시 쿠다사이.
お試し ください。
ため

한국에서도 사용하실 수 있어요.
캉-꼬쿠데모 오츠카이니 나레마스.
韓国でも お使いに なれます。
かんこく　　　 つか

지금 바로 들어보기

말해야 살 수 있다! 👄 🎧094

노트북을 보고 싶은데요….
노-토파소콩-가 미타인-데스케도….
ノートパソコンが 見たいんですけど。

잠깐 봐도 될까요?
촛-또 미테모 이-데스까.
ちょっと 見ても いいですか。

조금 더 화면이 큰 것이 있나요?
모-스코시 가멩-가 오-키-노가 아리마스까.
もう少し 画面が 大きいのが ありますか。

조금 무거운데요, 가벼운 것도 있어요?
스코시 오모이데스가, 카루이노모 아리마스까.
少し 重いですが、軽いのも ありますか。

어떤 기능이 있나요?
돈나 키노-가 아리마스까.
どんな 機能が ありますか。

세일하고 있는 것은 없나요?
세-루시테이루 모노와 아리마셍-까.
セールしている ものは ありませんか。

한국에 서비스센터가 있습니까?
캉-코쿠니 사-비스센-타-가 아리마스까.
韓国に サービスセンターが ありますか。

지금 바로 들어보기

신사
그곳에 가면…

📍 신사(神社)란?

우리나라에는 불교(仏教; 붓-쿄-), 기독교(キリスト教; 키리스토쿄-)가 압도적인데요. 일본에는 신토(神道; 신도)가 가장 많아요. 신토는 자연 현상을 중심으로 한 모든 것에 신이 깃들어 있다고 믿는 신앙이죠. 이런 다양한 신을 모시는 곳이 신사(神社; 진자예요. 그 수가 전국에 10만 개를 넘어서죠. 신사 중에서도 일본 천황이나 황족과 관계가 깊은 곳을 진구-(神宮; 신궁)라고 해요.

📍 토리이(鳥居)의 정체는?

일본 신사에 가면 제일 먼저 볼 수 있는 것이 나무로 된 큰 기둥이죠. 토리이(鳥居)라고 해요. 토리이는 신이 사는 영역과 인간이 사는 속세의 경계선을 상징해요.

⛩ 신사에 들어갔을 땐…

신사에 들어서면 제일 먼저 눈에 띄는 것이 초즈(手水)예요. 손과 입을 씻는 물 또는 그 행위를 가리키죠. 이는 신사가 신성한 장소이기 때문에 그곳에 들어가기 전에 몸과 마음을 정갈히 하는 의식이에요. 초즈(手水) 하는 방법을 살펴보죠.

❶ 오른손으로 물을 떠서 왼손을 먼저 씻는다.
❷ 왼손으로 물을 떠서 오른손도 씻는다.
❸ 왼손에 물을 담아서 입을 헹군다.
❹ 국자를 세로로 세워서 남은 물을 흘려 보낸다.

⛩ 신사에서 신에게 소원 빌어 보기

사람들은 신사에 소원을 빌러 가죠. 소원을 비는 올바른 방법을 알아볼까요?

❶ 정면에 서서 절을 반 배 한다.
❷ 앞에 늘어뜨려진 줄을 당겨 방울을 울린다.
❸ 양손을 모으고 두 번 90도로 절을 한다.
❹ 두 번 박수를 친다.
❺ 소원을 빈다.
❻ 양손을 모으고 한 번 90도로 절을 한다.

추천 신사

⛩ **히로시마의 이쓰쿠시마신사**
　（厳島神社）

세계문화유산에도 선정된 아름다운 신사. 바닷물이 나가면 바닥이 드러나고, 바닷물이 들어오면 물 위에 떠있는 것처럼 보이죠. 일본의 3대 절경 중 한 곳으로 꼽혀요.

⛩ **교토 후시미이나리타이샤**
　（伏見稲荷大社）

일본에 3만 개 있는 이나리신사(稲荷神社)의 총본산. 후시미(伏見)는 지역 이름이에요. 수많은 토리이가 열지어 있는 모습이 관광객들의 마음을 사로잡죠.

⛩ **도치기의 닛코동조궁**（日光東照宮）

에도막부를 연 도쿠가와 이에야스를 모시는 신사. 55동의 건조물로 되어 있고 에도시대의 건축술을 집대성한 것으로, 세계문화유산에 선정되었어요.

 Tips
신사에서 운세 보기
- -
신사에 가면 운세를 보는 곳이 있어요. 운세가 적힌 종이를 뽑는데요, 이것을 오미쿠지(おみくじ)라고 하죠. 운세의 종류는 다음과 같아요. 좋지 않은 점괘가 나오면 신사에 별도로 마련된 장소에 묶어두고 오면 돼요.

- 연애(恋愛; 렝-아이)
- 취직(就職; 슈-쇼쿠)
- 학업(学業; 가쿠교-)
- 사업(事業; 지교-)
- 건강(健康; 켕-코-)

만져도 되나요?
사왓–떼모 이–데스까.
触っても いいですか。
さわ

사진을 찍어도 되나요?
샤싱–오 톳–떼모 이–데스까.
写真を 撮っても いいですか。
しゃしん　　と

들어가도 되나요?
하잇–떼모 이–데스까.
入っても いいですか。
はい

지나가도 되나요?
토옷–떼모 이–데스까.
通っても いいですか。
とお

손을 씻읍시다.
테오 아라이마쇼–.
手を 洗いましょう。
て　　あら

입 안을 헹굽시다.
우가이 시마쇼–.
うがい しましょう。

운세를 뽑읍시다.
오미쿠지오 히끼마쇼–.
おみくじを ひきましょう。

매답시다.
무스비마쇼–.
結びましょう。
むす

지금 바로 들어 보기

사찰 내에서 흡연은 삼가 주세요.

케-다이데와 키츠엔-와 오히카에 쿠다사이.

境内では 喫煙は お控え ください。
けいだい　　　きつえん　　ひか

원래 위치에 되돌려 주세요.

모토노 이치니 모도시떼 쿠다사이.

元の 位置に もどして ください。
もと　　い ち

먼저 하세요.

오사키니 도-조.

お先に どうぞ。
さき

여기에 묶어 주세요.

코꼬니 무슨-데 쿠다사이.

ここに 結んで ください。
むす

저쪽에서 구입하실 수 있어요.

아찌라데 고코-뉴- 데끼마스.

あちらで ご購入 できます。
こうにゅう

출구는 저쪽입니다.

데구치와 아찌라데스.

出口は あちらです。
で ぐち

지금 바로 들어 보기

외국어 버전도 있나요?
가이코꾸고 바−죤−모 아리마스까.
外国語バージョンも ありますか。

이 부적은 어떤 의미가 있나요?
코노 오마모리와 돈−나 이미가 아리마스까.
このお守りは どんな意味が ありますか。

부적을 갖고 싶어요.
오마모리가 호시−데스
お守りが ほしいです。

어디에서 손을 씻나요?
도꼬데 테오 아라이마스까.
どこで 手を 洗いますか。

참배 방법을 가르쳐 주세요.
오마이리노 호−호−오 오시에떼 쿠다사이.
お参りの 方法を 教えて ください。

이 신사는 어떤 신사인가요?
코노 진−쟈와 돈−나 진−쟈데스까.
この神社は どんな神社ですか。

이 신사는 언제부터 있는 건가요?
코노 진−쟈와 이츠까라 아리마스까.
この神社は いつから ありますか。

지금바로 들어보기

BUCKET LIST 28

이런 서점 어떨까?

📍 재미있는 신감각 서점

최근에는 서점과 다른 업종을 융합시킨 새로운 콘셉트의 서점이 인기가 있어요. 그 중에서 독특한 몇 가지를 소개할게요. 서점은 일본어로 쇼텡-(書店)이라고도 하고 홍-야(本屋)라고도 해요.

📕 BOOK AND BED HOTEL

책을 사기도 하고 읽기도 하며 숙박까지 가능한 서점이 있어요. 'BOOK AND BED HOTEL'이 바로 그것이에요. 도쿄에 세 곳, 교토, 오사카, 후쿠오카 등에 문을 열었어요. 침대가 있어서 숙박이 가능하고 5,000권의 책을 모두 열람할 수 있어요. 샤워실도 있고 24시간 이용할 수 있죠. 숙박요금도 일반 호텔보다 저렴한 편이라네요.

🔖 요리를 할 수 있는 서점

요리나 음식과 관련된 서적을 모아 놓은 서점인데요. 이름은 쿡-쿠코-푸북-쿠(クックコープブック; COOK COOP BOOK)예요. 관련 이벤트나 요리 교실, 유명 쉐프 초청 토크쇼 등 여러 가지 행사를 한다네요.

📖 여행 예약이 가능한 서점

여행 가이드나 잡지, 세계의 역사 및 문화 관련 책까지 여행에 관한 다양한 책이 있어요. 또 서점 안에 여행사가 있어서 바로 예약이나 상담이 가능한 특이한 서점이죠. 이름은 T토라베루(Tトラベル; T-TRAVEL)예요.

> **Tips**
>
> ### 일본의 문학상
> - - - - - - - - - - - - - -
> - **아쿠타가와**(芥川) **상**: 순수문학을 대상으로 한 신인의 등용문.
> - **나오키**(直木) **상**: 대중 문학 작품을 대상으로 한 문학상.
> * '아쿠타가와', '나오키' 는 소설가의 이름.

대변신 서점 TSUTAYA

웬만한 대형 서점이라면 책만 팔던 시대는 이제 지났죠. 우리나라의 대형 서점도 책뿐만 아니라 음반, 문구류, 생활용품 등을 판매해요. 일본도 가장 많은 서점을 가지고 있으면서 책 이외에 다양한 물건을 파는 서점이 있어요. 바로 TSUTAYA(츠타야)죠.

그런데 TSUTAYA는 영화나 만화 등의 대여까지 하니 한 술 더 뜨는 셈이에요. 여기에 또 한 술 더! 서점에서 대여해 간 것을 반환 박스나 우체국, 편의점 등에 반납할 수도 있다네요. TSUTAYA 매장 중에는 세련된 곳이 있는데요. 바로 도쿄 TSUTAYA 다이칸야마(代官山) 점이에요. 이 매장은 데이트 장소로도 인기가 많다네요.

⭐ 책 관련 말 익히기

소설	만화	에세이
쇼-세츠	**망-가**	**엣-세-**
小説 しょうせつ	マンガ	エッセー

그림책	잡지	요리
에홍-	**잣-시**	**료-리**
絵本 え ほん	雑誌 ざっ し	料理 りょう り

디자인	여행	건축
데자인-	**료코-**	**켄-치쿠**
デザイン	旅行 りょこう	建築 けんちく

Tips

문고본(文庫本; 분코-본-)

일본은 신작 소설이 출판될 때는 우리나라처럼 사이즈도 크고 종이도 두꺼운 걸로 나와요. 그리고 인기가 있는 소설은 문고본으로 다시 출판되죠. 주머니에 들어갈 정도의 크기라서 무겁지도 않고 들고 다니기도 편해요.

인기가 있습니다.
닝-끼가 아리마스.
人気が あります。
にんき

눈 깜짝 할 사이에 읽을 수 있습니다.
앗-또이우 마니 요메마스.
あっという間に 読めます。
ま　よ

커버 씌워 드릴까요?
카바- 오카케시마스까.
カバー おかけしますか。

부탁드립니다.
오네가이시마스.
お願いします。
ねが

커버의 색 골라 주십시오.
카바-노 이로 오에라비 쿠다사이.
カバーの色 お選び ください。
いろ　　えら

건축디자인에 관한 책은 어디에 있나요?
켄-치꾸데자인-니 칸-스루 홍-와 도꼬니 아리마스까.
建築デザインに 関する 本は どこに ありますか。
けんちく　　　　　かん　　ほん

여행에 관한 책은 어디에 있나요?
료코-니 칸-스루 홍-와 도꼬니 아리마스까.
旅行に 関する 本は どこに ありますか。
りょこう　かん　　ほん

자동차에 관한 책은 어디에 있나요?
지도-샤니 칸-스루 홍-와 도꼬니 아리마스까.
自動車に 関する 本は どこに ありますか。
じ どうしゃ　かん　　ほん

지금바로 들어보기

찾으시는 책이 있으면, 말씀해 주세요.

오사가시노 홍가 아리마시따라, 옷-샷-떼 쿠다사이.

お探しの本が ありましたら、おっしゃって ください。
さが　　　ほん

여행 책이라면 이것이 가장 인기예요.

료코-노 혼-나라, 코레가 이찌방- 닝-끼데스.

旅行の本なら、これが 一番 人気です。
りょこう　　ほん　　　　　　いちばん　にん き

최근 화제의 책입니다.

사이킹- 와다이노 혼-데스

最近、話題の本です。
さいきん　わ だい　ほん

신간은 저기에 진열되어 있습니다.

싱-캉-와 아소꼬니 나란-데 이마스.

新刊は、あそこに 並んで います。
しんかん　　　　　　なら

찾으시는 책의 제목은 무엇인가요?

오사가시노 혼-노 타이토루와 난-데스까.

お探しの本の タイトルは 何ですか。
さが　ほん　　　　　　　　なん

저쪽에 있습니다.

아찌라니 고자이마스.

あちらに ございます。

그것은 없습니다.

소레와 오이테 아리마셍-.

それは 置いて ありません。
お

지금 바로 들어보기

말해야 살 수 있다! 👄

🎧100

외국 책은 있나요?

가이코꾸노 홍-와 아리마스까.

外国の本は ありますか。
がいこく　ほん

책이 안 보입니다.

홍-가 미츠까리마셍-.

本が 見つかりません。
ほん　み

이 책 찾아 주실 수 있나요?

코노홍- 사가시떼 모라에마스까.

この本、探して もらえますか。
ほん　さが

책갈피도 주시겠어요?

시오리모 모라에마스까.

しおりも もらえますか。

최근 베스트셀러는 무엇인가요?

사이킨-노 베스토세라-와 난-데스까.

最近のベストセラーは 何ですか。
さいきん　なん

주문 가능한가요?

츄-몬- 데끼마스까.

注文できますか。
ちゅうもん

이 잡지를 사면 이 상품을 받을 수 있나요?

코노 잣-시오 캇-따라 코노 쇼-힝가 모라에마스까.

この雑誌を 買ったら この商品が もらえますか。
ざっし　か　しょうひん

지금 바로 들어보기

BUCKET LIST 29

버스 타 볼까?

📍 일본 버스의 승하차는?

여행을 가게 되면 버스를 이용하는 일이 종종 있어요. 이용 방법을 알아 두면 좋겠죠. 일본은 버스 회사마다 규정이 다르기 때문에 요금 지불 방법이나 승하차 방법이 조금씩 다른 경우가 있어요. 버스 이용하는 법 알아볼까요.

⭐ 거리에 따라 요금이 달라요

01
승차권 뽑기
승차 시 숫자가 적힌 승차권을 받는다. 버스 카드나 IC 카드는 승차 시 카드 단말기에 태그한다.

02
요금 확인
이동 거리에 따라 올라가는 요금을 버스 안에 있는 전자 게시판에서 확인해요.

03
요금 지불
확인한 금액을 승차권과 같이 지불해요. 지폐를 동전으로 환전(両替; 료-가에)도 가능하고 버스 카드 또는 IC 카드로도 계산할 수 있다.

⭐ 버스 이용 시 일본어

버스 타는 곳
바스 노리바
バス乗り場
の　ば

정리권(승차권)
세-리켄-
整理券
せい り けん

우선석(노약좌석)
유-센-세키
優先席
ゆうせんせき

Tips
뒤로 타고 앞으로 내려요
일본의 버스는 일반적으로 뒷문으로 타고 앞문으로 내리는 경우가 많아요.

⦿ 하토 버스로 도쿄 한 바퀴

하토 버스(はとバス; HATO BUS)는 도쿄의 명소를 도는 관광 버스예요. 운행한 지 70년이 넘었다네요. 코스도 다양하고 도쿄 여행에 매력을 느낄 수 있어서 꾸준한 인기를 유지하고 있어요.

✪ 도쿄 파노라마 드라이브 코스

출발 시각 (매일)	12:00 / 13:00 / 13:30 / 14:00 / 14:30 / 15:00 / 15:30 / 16:30 / 17:00 / 17:30 / 19:00
출발지	도쿄 역 마루노우치 남쪽 출구 하토버스 탑승장
소요 시간	약 60분
요금	어른 1,800엔 / 어린이(4세 이상 12세 미만) 900엔
서비스	음성 가이드, free Wi-Fi

| 히비야 공원 | ▶▶▶ | 가스키 가세키 | ▶▶▶ | 국회의사당 | ▶▶▶ | 도라에몽 힐즈 | ▶▶▶ | 도쿄 타워 |
| 긴자 | ◀◀◀ | 가부키자 | ◀◀◀ | 쓰키지 | ◀◀◀ | 오다이바 | ◀◀◀ | 레인보우 브릿지 |

뒤로 탑니다. / 앞으로 내립니다.
우시로까라 노리마스. / 마에까라 오리마스.
後ろから 乗ります。/ 前から 降ります。

정리권을 뽑습니다.
세-리켕-오 토리마스.
整理券を 取ります。

요금통에 넣어 주세요.
료-킴-바꼬니 이레떼 쿠다사이.
料金箱に 入れて ください。

환전 부탁드립니다.
료-가에 오네가이시마스.
両替 お願いします。

첫 차는(막차는) 몇 시인가요?
하지메노 바스와(오와리노 바스와) 난-지데스까.
はじめのバスは(終わりのバスは) 何時ですか。

다음 버스는 몇 시인가요?
츠기노 바스와 난-지데스까.
次のバスは 何時ですか。

몇 분마다 있나요?
난-뿡-고또니 아리마스까.
何分ごとに ありますか。

한 장(두 장 / 세 장) 주세요.
이치마이(니마이 / 삼-마이) 쿠다사이.
1枚(2枚 / 3枚) ください。

지금 바로 들어 보기

발차하겠습니다(출발하겠습니다).

핫–샤 이타시마스.

発車 いたします。
はっしゃ

우회전합니다.

미기니 마가리마스.

右に 曲がります。
みぎ   ま

좌회전합니다.

히다리니 마가리마스.

左に 曲がります。
ひだり   ま

앉아 주십시오.

오스와리 쿠다사이.

お座り ください。
すわ

일어서지 말아 주세요.

타따나이데 쿠다사이.

立たないで ください。
た

내리실 때는 벨을 눌러 주세요.

오오리노 사이와 보탕–오 오시떼 쿠다사이.

お降りの際は ボタンを 押して ください。
お   さい   お

다음 정차합니다.

츠기 토마리마스.

次、とまります。
つぎ

오늘은 관광버스를 이용해 주셔서 감사합니다.

혼–지츠와 캉–코–바스오 고리요– 이타다끼, 아리가토–고자이마스.

本日は 観光バスを ご利用いただき、ありがとうございます。
ほんじつ かんこう   りょう

지금 바로 들어보기

🗣 말해야 목적지까지 갈 수 있다! 👄

실례합니다. 이 버스 도쿄 역으로 가나요?

스미마셍-. 코노바스 토-쿄-에끼니 이키마스까.

すみません。このバス、東京駅に 行きますか。
とうきょうえき　い

긴자 방면은 어디에서 타나요?

긴-자 호-멩-와 도꼬데 노리마스까.

銀座方面は どこで 乗りますか。
ぎんざほうめん　　　　の

청수사는 어디에서 내리면 되나요?

키요미즈데라와 도꼬데 오리레바 이-데스까.

清水寺は どこで 降りれば いいですか。
きよみずでら　　　お

돌아가는 버스는 어디에서 타나요?

카에리노 바스와 도코데 노리마스까.

帰りのバスは どこで 乗りますか。
かえ　　　　　　　の

다음 버스는 몇 시인가요?

츠기노 바스와 난-지데스까.

次のバスは 何時ですか。
つぎ　　　なんじ

어린이는 얼마예요?

코도모와 이꾸라데스까.

子どもは いくらですか。
こ

몇 번 버스를 타면 되죠?

남-반-노 바스니 노레바 이-데스까.

何番のバスに 乗れば いいですか。
なんばん　　　の

정리권을 잃어 버렸어요.

세-리켕-오 나쿠시마시따.

整理券を なくしました。
せいりけん

지금바로 들어보기

BUCKET LIST 30

길을 걷고 거리를 보자!

📍 지역별 거리 명소

사람들이 많이 찾는 우리의 명동 거리가 있는 것처럼 일본에도 유명한 거리들이 있어요. 어떤 곳들이 있는지 알아볼까요?

도쿄

👣 타케시타 거리(竹下通り)

하라주쿠에 있는 젊은이 문화의 메카로, 주말이면 엄청난 사람으로 붐비죠. 패션, 음식 등 최신 유행을 즐길 수 있어요. 특히 패션에 관심이 있다면 꼭 들러 보세요.

후쿠오카

👣 와타나베 거리(渡辺通り)

포장마차로 유명한 거리. 오래된 인기 포장마차부터 독특한 메뉴를 개발해 유명해진 새로운 포장마차도 있어요. 조금씩만 먹고 여러 군데를 들러보는 것이 포인트.

교토

👣 철학의 길(哲学の道)

옛날 유명한 철학자가 걸은 길이라 하여 붙여진 이름. 봄엔 벚꽃, 가을엔 붉은 단풍이 매력적이죠. 거리를 걸으며 절 구경이나 차도 마실 수 있어요.

216

교토

👣 2년 고개(二年坂)

　　세계유산 청수사(清水寺; 기요미즈데라)로 가는 길 중간에 위치. 전통 가옥을 감상하고 사진 찍기에도 아주 좋은 장소예요. 언덕을 다 오르면 바로 기요미즈데라가 보여요.

홋카이도

👣 큰거리(大通り)

　　삿포로의 중심부에 위치. 거리 자체가 공원으로 되어 있고 1년 내내 축제나 행사가 열리죠. 겨울에는 세계적으로 유명한 눈 축제가 열려요.

오키나와

👣 국제거리(国際通り)

　　1.6km나 이어진 거리로, 오키나와에서 먹어야 할 음식, 사야 할 기념품이 모두 있어요. 일요일은 차량 통행이 금지되며 여러 이벤트가 열려요.

🦶 맛집의 천국 요코쵸(橫丁)

큰길 옆으로 난 골목길을 일본어로 요코쵸-(橫丁)라고 해요. 요코쵸-로 들어서면 좁은 골목 양 옆으로 음식점, 술집, 가게들이 늘어서 있죠. 길 위로는 지붕도 얹혀 있어 날씨와 상관없이 즐길 수 있어요. 오래된 가게, 젊은이 취향의 독특한 가게들이 있어 젊은이나 외국 관광객도 많이 찾는답니다.

🦶 특이한 거리 즐기기

거리를 걷다 보면 특이한 것을 보게 되는데요. 푸념을 들어 주는 곳(愚痴聞き屋; 구치키키야), 만화 읽어 주는 곳(漫読屋; 만-도쿠야) 같은 것도 만날 수 있어요. 그래도 여행객의 눈을 즐겁게 하는 것은 노상 포퍼먼스(路上パフォーマンス; 로죠-파호-만스)겠죠.

⭐ 길, 거리를 나타내는 말들

길	도로	고속도로
미치	**도-로**	**코-소쿠도-로**
道	道路	高速道路
みち	どう ろ	こうそくどう ろ

큰길	상점이 늘어선 좁은 골목길	상점가
오-도-리	**요코쵸-**	**쇼-텡-가이**
大通り	横丁	商店街
おおどお	よこちょう	しょうてんがい

이 **식당** 어디에 있는지 아세요?
코노 쇼쿠도- 도꼬니 아루까 와까리마스까.
この **食堂** どこに あるか わかりますか。
しょくどう

이 가게 어디에 있는지 아세요?
코노 미세 도꼬니 아루까 와까리마스까.
この **店** どこに あるか わかりますか。
みせ

이 빌딩 어디에 있는지 아세요?
코노 비루 도꼬니 아루까 와까리마스까.
この ビル どこに あるか わかりますか。

이 카페 어디에 있는지 아세요?
코노 카훼 도코니 아루까 와까리마스까.
この カフェ どこに あるか わかりますか。

근처에 **맛있는 가게가** 있나요?
치까꾸니 오이시-미세가 아리마스까.
近くに おいしい店が ありますか。
ちか　　　　　みせ

근처에 편의점이 있나요?
치까꾸니 콤-비니가 아리마스까.
近くに コンビニが ありますか。
ちか

근처에 역이 있나요?
치까꾸니 에끼가 아리마스까.
近くに 駅が ありますか。
ちか　えき

근처에 파출소가 있나요?
치까꾸니 코-방-가 아리마스까.
近くに 交番が ありますか。
ちか　　こうばん

지금 바로 들어보기

이 뒤쪽이에요.
코노 우라가와데스.
この うらがわです。

건너편에 있어요.
무카이니 아리마스.
向かいに あります。

여기에서는 좀 멀어요.
코꼬까라와 춋-또 토-이데스요.
ここからは ちょっと 遠いですよ。

걸어서 5분 정도 걸려요.
아루이테 고훙-구라이 카카리마스.
歩いて 5分ぐらい かかります。

곧장 가세요.
맛-스구 잇-떼 쿠다사이.
まっすぐ 行って ください。

그 사거리를 좌회전하세요.
소노 코-사텡-오 히다리니 마갓-떼 쿠다사이.
その交差点を 左に 曲がって ください。

그 사거리를 우회전하세요.
소노 코-사텡오 미기니 마갓-떼 쿠다사이.
その交差点を 右に 曲がって ください。

두 번째 신호에서 오른쪽으로 가세요.
후타츠메노 싱-고-오 미기니 잇-떼 쿠다사이.
二つ目の 信号を 右に 行って ください。

지금 바로 들어 보기

220

🗣 말해야 갈 수 있다! 👄

🎧106

여기를 찾고 있는데요….
코꼬오 사가시떼 이룬–데스가….
ここを 探して いるんですが…。
さが

여기가 어디인지 아세요?
코꼬와 도꼬까 와카리마스까.
ここは どこか わかりますか。

어느 정도 걸리나요?
도노구라이 카카리마스까.
どのぐらい かかりますか。

여기에서 먼가요?
코꼬까라 토–이데스까.
ここから 遠いですか。
とお

지하철 역은 어느 쪽인가요?
치카테츠노 에끼와 도찌라데스까.
地下鉄の駅は どちらですか。
ち か てつ　　 えき

큰길로 나가고 싶은데요….
오–도–리니 데따인–데스가….
大通りに 出たいんですが…。
おおどお　　 で

이 주변에 파출소가 있나요?
코노 헨–니 코–방–가 아리마스까.
この辺に 交番が ありますか。
へん　 こうばん

죄송하지만, 길을 잃었습니다.
스미마셍–, 미치니 마욧–찻–딴–데스.
すみません、道に 迷っちゃったんです。
みち　 まよ

지구 바로 듣어 보기

부록

숫자

꼼꼼하게 말하기

1	2	3	4	5
이치	니	상-	용-/시	고

6	7	8	9	10
로쿠	나나/시치	하치	쿠/큐-	쥬-

11	12	13	14	15
쥬-이지	쥬-니	쥬-상-	쥬-용-	쥬-고

16	17	18	19	20
쥬-로쿠	쥬-나나(시치)	쥬-하치	쥬-쿠(큐-)	니쥬-

30	40	50	60	70
산-쥬-	욘-쥬-	고쥬-	로쿠쥬-	나나쥬-

80	90
하치쥬-	큐-쥬-

100	200	300	400	500
햐쿠	니햐쿠	삼-뱌쿠	용-햐쿠	고햐쿠

600	700	800	900
롭-빠쿠	나나햐쿠	합-빠쿠	큐-햐쿠

1000	2000	3000	4000	5000
셍-	니셍-	산-젱-	욘-셍-	고셍-

6000	7000	8000	9000	
록-셍-	나나셍-	핫-셍-	큐-셍-	

10000	20000	30000	40000	50000
이찌망-	니망-	삼-망-	욤-망-	고망-

60000	70000	80000	90000	
로쿠망-	나나망-	하치망-	큐-망-	

10만	100만	1000만	1억	
쥬-망-	햐쿠망-	잇-셈-망-	이찌오쿠	

1시 **이치지** 1時 _{いち じ}	2시 **니지** 2時 _{に じ}	3시 **산-지** 3時 _{さん じ}	4시 **요지** 4時 _{よ じ}	5시 **고지** 5時 _{ご じ}	6시 **로쿠지** 6時 _{ろく じ}
7시 **시치지** 7時 _{しち じ}	8시 **하치지** 8時 _{はち じ}	9시 **쿠지** 9時 _{く じ}	10시 **쥬-지** 10時 _{じゅうじ}	11시 **쥬-이치지** 11 時 _{じゅういち じ}	12시 **쥬-니지** 12 時 _{じゅうに じ}

몇 시 **난-지** 何時 _{なん じ}	몇 분 **난-뿐-** 何分 _{なんぶん}	오전 **고젱-** 午前 _{ご ぜん}	오후 **고고** 午後 _{ご ご}

1분 **입-뿡-** 1分 _{いっぷん}	2분 **니훙-** 2分 _{にふん}	3분 **삼-뿡-** 3分 _{さんぷん}	4분 **욤-뿡-** 4分 _{よんぷん}	5분 **고훙-** 5分 _{ごふん}
6분 **롭-뿡-** 6分 _{ろっぷん}	7분 **나나훙-** 7分 _{ななふん}	8분 **합-뿡-** 8分 _{はっぷん}	9분 **큐-훙-** 9 分 _{きゅうふん}	10분 **쥽-뿡-** 10分 _{じゅっぷん}
20분 **니쥽-뿡-** 20分 _{ぷん}	30분 **산-쥽-뿡-** 30分 _{ぷん}	40분 **욘-쥽-뿡-** 40分 _{ぷん}	50분 **고쥽-뿡-** 50分 _{ぷん}	60분 **로쿠쥽-뿡-** 60分 _{ぷん}

1시간
이치지캉-
1時間
_{じ かん}

1월 **이치가츠** 1月 がつ	2월 **니가츠** 2月 がつ	3월 **상-가츠** 3月 がつ	4월 **시가츠** 4月 がつ	5월 **고가츠** 5月 がつ
6월 **로쿠가츠** 6月 がつ	7월 **시치가츠** 7月 がつ	8월 **하치가츠** 8月 がつ	9월 **쿠가츠** 9月 がつ	10월 **쥬-가츠** 10月 がつ
11월 **쥬-이치가츠** 11月 がつ	12월 **쥬-니가츠** 12月 がつ	몇 월 **낭-가츠** 何月 なんがつ	며칠 **난-니치** 何日 なんにち	
1일 **츠이타치** 1日 ついたち	2일 **후츠까** 2日 ふつか	3일 **믹-까** 3日 みっか	4일 **욕-까** 4日 よっか	5일 **이츠까** 5日 いつか
6일 **무이까** 6日 むいか	7일 **나노까** 7日 なのか	8일 **요-까** 8日 ようか	9일 **코코노까** 9日 ここのか	10일 **토-까** 10日 とおか
11일 **쥬-이치니치** 11日 にち	12일 **쥬-니니치** 12日 にち	13일 **쥬-산-니치** 13日 にち	14일 **쥬-욕-까** 14日 じゅうよっか	15일 **쥬-고니치** 15日 にち
16일 **쥬-로쿠니치** 16日 にち	17일 **쥬-시치니치** 17日 にち	18일 **쥬-하치니치** 18日 にち	19일 **쥬-쿠니치** 19日 にち	20일 **하츠까** 20日 はつか
21일 **니쥬-이치니치** 21日 にち	22일 **니쥬-니니치** 22日 にち	23일 **니쥬-산-니치** 23日 にち	24일 **니쥬-욕-까** 24日 にじゅうよっか	25일 **니쥬-고니치** 25日 にち
26일 **니쥬-로쿠니치** 26日 にち	27일 **니쥬-시치니치** 27日 にち	28일 **니쥬-하치니치** 28日 にち	29일 **니쥬-쿠니치** 29日 にち	30일 **산-쥬-니치** 30日 にち
31일 **산-쥬-이치니치** 31日 にち				

⭐ 요일 말하기

월요일 **게츠요-비** 月曜日 げつようび	화요일 **카요-비** 火曜日 かようび	수요일 **스이요-비** 水曜日 すいようび	목요일 **모쿠요-비** 木曜日 もくようび
금요일 **킹-요-비** 金曜日 きんようび	토요일 **도요-비** 土曜日 どようび	일요일 **니치요-비** 日曜日 にちようび	무슨 요일 **낭-요-비** 何曜日 なんようび

⭐ 물건 수 세기

한 개 **히토츠** 一つ ひと	두 개 **후타츠** 二つ ふた	세 개 **밋-츠** 三つ みっ	네 개 **욧-츠** 四つ よっ	다섯 개 **이츠츠** 五つ いつ
여섯 개 **뭇-츠** 六つ むっ	일곱 개 **나나츠** 七つ なな	여덟 개 **얏-츠** 八つ やっ	아홉 개 **코코노츠** 九つ ここの	열 개 **토-** 十 とお

⭐ 사람 수 세기

한 사람 **히토리** 1人 ひとり	두 사람 **후타리** 2人 ふたり	세 사람 **산-닝-** 3人 さんにん	네 사람 **요닝-** 4人 よにん	다섯 사람 **고닝-** 5人 ごにん
여섯 사람 **로쿠닝-** 6人 ろくにん	일곱 사람 **시치닝-** 7人 ななにん	여덟 사람 **하치닝-** 8人 はちにん	아홉 사람 **큐-닝-** 9人 きゅうにん	열 사람 **쥬-닝-** 10人 じゅうにん

1엔
이치엥–
1円
いちえん

5엔
고엥–
5円
ごえん

10엔
쥬–엥–
10円
じゅうえん

50엔
고쥬–엥–
五十円
ご じゅうえん

100엔
햐쿠엥–
百円
ひゃくえん

500엔
고햐쿠엥–
五百円
ご ひゃくえん

천 엔
셍–엥–
千円
せんえん

2천 엔
니셍–엥–
二千円
に せんえん

5천 엔
고셍–엥–
五千円
ご せんえん

1만 엔
이치망–엥–
一万円
いち まんえん

あ 아(a)	い 이(i)	う 우(u)	え 에(e)	お 오(o)
か 카(ka)	き 키(ki)	く 쿠(ku)	け 케(ke)	こ 코(ko)
さ 사(sa)	し 시(shi)	す 스(su)	せ 세(se)	そ 소(so)
た 타(ta)	ち 치(chi)	つ 츠(tsu)	て 테(te)	と 토(to)
な 나(na)	に 니(ni)	ぬ 누(nu)	ね 네(ne)	の 노(no)
は 하(ha)	ひ 히(hi)	ふ 후(hu/fu)	へ 헤(he)	ほ 호(ho)
ま 마(ma)	み 미(mi)	む 무(mu)	め 메(me)	も 모(mo)
や 야(ya)		ゆ 유(yu)		よ 요(yo)
ら 라(ra)	り 리(ri)	る 루(ru)	れ 레(re)	ろ 로(ro)
わ 와(wa)				を 오(wo)
				ん 응(N)

일본어의 기본 글자예요.
오른쪽의 가타카나와 발음이 같죠.
이번 기회에 일본어 공부 시작해요!

ア 아(a)	イ 이(i)	ウ 우(u)	エ 에(e)	オ 오(o)
カ 카(ka)	キ 키(ki)	ク 쿠(ku)	ケ 케(ke)	コ 코(ko)
サ 사(sa)	シ 시(shi)	ス 스(su)	セ 세(se)	ソ 소(so)
タ 타(ta)	チ 치(chi)	ツ 츠(tsu)	テ 테(te)	ト 토(to)
ナ 나(na)	ニ 니(ni)	ヌ 누(nu)	ネ 네(ne)	ノ 노(no)
ハ 하(ha)	ヒ 히(hi)	フ 후(hu/fu)	ヘ 헤(he)	ホ 호(ho)
マ 마(ma)	ミ 미(mi)	ム 무(mu)	メ 메(me)	モ 모(mo)
ヤ 야(ya)		ユ 유(yu)		ヨ 요(yo)
ラ 라(ra)	リ 리(ri)	ル 루(ru)	レ 레(re)	ロ 로(ro)
ワ 와(wa)				ヲ 오(wo)
				ン 응(N)

왼쪽의 히라가나가 기본적으로
쓰이는 글자이고요. 가타카나는
외래어 등 특수한 글자에 쓰여요.

버킷 리스트 30 꿈꾸는 대로 떠나라! ✈

착! 붙는
여행 일본어

초판 발행	2019년 6월 21일
1판 2쇄	2019년 7월 5일
저자	박나리, 미카미 마사히로
기획	이효종, 김성은
책임 편집	서대종, 조은형, 신명숙, 무라야마 토시오, 김지은
펴낸이	엄태상
디자인	권진희
조판	박자연
마케팅	이승욱, 오원택, 전한나, 왕성석
온라인 마케팅	김마선, 김제이, 유근혜
경영기획	마정인, 조성근, 박현숙, 김예원, 김다미, 전태준, 오희연
물류	유종선, 정종진, 최진희, 윤덕현
펴낸곳	시사일본어사(시사북스)
주소	서울시 종로구 자하문로 300 시사빌딩
주문 및 교재 문의	1588-1582
팩스	(02)3671-0500
홈페이지	www.sisabooks.com
이메일	book_japanese@sisadream.com
등록일자	1977년 12월 24일
등록번호	제300 - 1977 - 31호

ISBN 978-89-402-9289-1 13730